일상적인 삶

La vie quotidienne

LA VIE QUOTIDIENNE
BY JEAN GRENIER

COPYRIGHT © ÉDITIONS GALLIMARD 1968, 1982

ALL RIGHTS RESERVED.

KOREAN TRANSLATION COPYRIGHT © MINUMSA 2001, 2020

KOREAN TRANSLATION EDITION IS PUBLISHED BY ARRANGEMENT
WITH ÉDITIONS GALLIMARD THROUGH IMPRIMA KOREA AGENCY.

이 책의 한국어판 저작권은 IMPRIMA KOREA AGENCY를 통해
ÉDITIONS GALLIMARD와 독점 계약한 ㈜민음사에 있습니다.

저작권법에 의해 한국 내에서 보호를 받는 저작물이므로
무단 전재와 무단 복제를 금합니다.

La vie quotidienne
일상적인 삶
그르니에 선집 4
장 그르니에

김용기 옮김

민음사

우리의 일상은 매우 다양한 모습으로 나타난다.
우리는 여행을 하기도 하며 잠을 자거나 책을 읽거나
다른 사람들과 접촉하면서 살아간다. 때로는
고독이나 침묵 혹은 비밀로 인해 사람들과 단절되기도 한다.

이러한 행동들, 이 모든 존재 양태들은 우리가
의식하고 있는 표면적인 목적을 넘어서는 의미를 갖는다.
그것들을 분석해 보면, 일상 생활로부터 삶의 결(style) 자체로
넘어가는, 나아가 예술 작품에까지 다다르게 하는
어떤 보이지 않는 오솔길이 드러난다.

차례

여행　　　　　8
산책　　　　　35
포도주　　　　58
담배　　　　　76
비밀　　　　　93
침묵　　　　　113

독서	137
수면	167
고독	193
향수	211
정오	227
자정	242

옮긴이의 말

일상의 이면과 속내 / 김용기   262

여행	Le Voyage

여행이란, 리트레(Littré) 사전에 따르면 "어떤 곳에서 멀리 떨어진 다른 곳에 이르기 위하여 옮겨 가는 과정"이다. 여기서 '위하여'라는 말을 강조해야 한다. 여행은 의도적인 행위이기 때문이다. 도달해야 할 목표가 주된 것이며 그 수단은 부차적이다. 수단은 그것이 목적지에 닿게 해 줄 수 있을 때에야 비로소 의미를 갖는다. 한 곳에서 다른 곳으로의 이동이 바로 여행이므로 중요한 것은 목적지다.

시간은 공간의 이동에 필수적이다. 하지만 그것은 공간 이동에 종속되어 맞추어져 있다. 그래서 사람들은 출발지나 도착지에서 가능한 한 오래 체류하려고 이동 시간을 단축시키려 한다. 여행의 역사는 곧 이러한 시간 단축의 역사다.

시간은 교통 수단을 가속화함으로써(전철) 또는 직선 거리의 여정을 택함으로써(북극 경유 항로) 단축된다. 그리고 때로는 굳이 이동하지 않아도 되게 해 주는 어떤 기지 같은 것들을 설치하며(분점, 지점, 대리점, 통신소 등) 정보의 전달이 사람의 이동을 대신하기도 한다.

○

    그렇다고 해서 물리적 거리가 완전히 없어지는 것은 아니다. 다만 순수한 정신에 의해서는 두 지점 간의 거리가 극복될 수 있을 것이다. 연민을 통한 혹은 우정이나 사랑에 의한 두 존재의 결합 같은 것을 우리는 예감할 따름이다. 그럴 때 사람은 자기 몸이 있는 곳이 아니라 자기의 사랑이 있는 곳에 존재하게 될 것이다.

    한 단계 높은 차원에서는 편재성(遍在性)이라는 하늘이 내린 능력이 여행의 필요성을 없애 버린다. 생 앙투안 드 파두는 부당하게 고발당한 자기 아버지를 변호하느라, 그가 거처하던 도시인 파두와 태어난 도시인 리스본 두 곳에 동시에 존재했다.

    심지어는 시간의 법칙과 공간의 법칙을 모두 뛰어넘은 존재들도 생각해 볼 수 있다. 성 토마스 아퀴나스에게 천사는 '이동'하지 않고서도 자신이 있는 곳을 떠나 다른 장소로 옮겨 갈 수 있는 존재다.[1]

---

[1] 『신학 대전』에서.(원주)

○

    이렇게 본다면 여행이란, 실체로서의 자신을 부인하려는 특성을 갖는 하나의 의식적인 행위이다.

    여행의 기원과 궁극적인 목적은 여행을 무효화하는 것이다. 여행의 완성은 결과적으로 그것의 소멸인 셈이나. 이는 마치 나무를 태우는 불이 결국은 스스로를 소진시키는 것과 같으며, 직관이 떠오르고 나면 논증적 추론은 그 존재 이유를 상실하게 되는 것과 같다.

○

    한편 '여행'에는 옮겨 감으로 인해 치르게 되는 희생에 대한 저항이 따른다. 이를테면 '이곳을 위하여'라는 관념은 끊임없이 '다른 곳을 위하여'라는 관념보다 우위에 선다. 또한 머무르려는 욕망은 이동하려는 기질을 이겨 내며, 영원에 대한 향수는 순간적인 것의 유혹을 물리친다. 시베리아 횡단 여행자나 원양 항해자도 결국은 정착한다. 그는 더 이상 여행하지 않는다. 바로 이것이 '여행'의 패러독스이다. 즉 '존재'의 관점에서 바라보고 의도된 '변화', '존재'를 상정했을 때에만 실재하는 그 '변화'가 이제는 '존재' 그 자체로 탈바꿈하기에 이른다. 상업적인 목적으로 여행하는 자는 자신의 습관에 집착한다. 그는 이전의 그 호텔 그 방에 다시 머무르려 하고 그 음식점의 그 테이블에서 식사하려 한다. 이렇게 해서 방랑자는, 자기가 의도한 것은 아니지만 정착민이 된다. 말하자면 여행하지 않기 위해 여행하는 것이다.

○

여행은 그 의도적인 성격으로 인해 단순한 장소 이동 이상의 무엇이 된다. 여행 가방은 비록 여행을 위해 만들어 졌으나 가방이 여행하는 것은 아니다. 동물도 여행을 한다면 어떤 의미에서 그럴 수 있을까? 하나의 목표를 향해 간다는 점에서는 그렇게 말할 수 있을 것이다. 새장 속의 앵무새는 다만 주인과 함께 장소 이동을 할 뿐이다. 그러나 철새는 여행한다.

여행에 대한 분석

여행의 여러 '방식들'은 피상적인 흥미만을 제공한다. 그 사이에는 기술적인 차이만 있을 뿐이다. 최초의 여행 방식은 도보나 말 타기처럼 동물적이었다. 그러다 편리함과 신속함을 추구하게 되면서 바퀴와 수레가 발명되었다.

그 후, 19세기에 들어와서야 여행의 방식은 기계적인 것이 된다. 즉 증기와 전기, 석유 등을 사용하는 기계에 힘입어 여행은 점점 더 정기적인 것이 될 수 있었다.

하지만 심리적 관점에서 보면, 이러한 여러 운송 방식들 사이에 본질적인 변화는 없다. 걸어서 하는 여행이건 로켓 여행이건 여행의 의도는 마찬가지다.

○

그러나 여행의 동기는 다양하다. 여행의 근원이 되는 본능 혹은 감정에 따라, 우리는 가장 비자발적인 것에서부터 가장 자발적인 것에 이르기까지 그 동기들을 여러 가지로 분류해 볼 수 있다.

1 필요에 의한 여행

정착민들은 거주지와 일터가 서로 다른 곳에 있기 때문에, 그리고 유목민들은 양식을 한 장소에서 계속 얻을 수 없어서 여행을 하게 된다. 그리고 방목을 하려면 양 떼를 이리저리 몰고 다니지 않을 수 없다.

때로는 유랑 생활 자체가 좋아서 유랑하는 경우도 있으리라.

외교 사절단은 실제적인 필요에 의해 혹은 의전상의

요구에 따라——때로는 그 둘 모두에 의해——여행한다.

2   강압에 의한 여행은
가장 덜 의도적이다

　　유형(流刑)은 강요된 여행이다. 시베리아 등지의 강제 수용소가 보여 주듯이 유배는 사디즘적인 집단 독재 문명의 한 특징이다. 그것은 보복(報復)을 위한 문학이 생겨나게 했으며, 19세기의 몇몇 경우에는 마조히즘 문학으로 나타났다. 유배는, 말하자면 순례의 반대다.
　　망명 역시 강제적이지만 때로는, 죽는 것보다는 낫다는 이유만으로 선택하게 되기도 한다. 신변을 보다 안전하게 보호하려고 심지어는, 아리스토텔레스가 그랬듯이, 추방 결정이 내려지기도 전에 미리 고국을 떠나기도 한다. 그렇지만 언제나 귀향을 꿈꾼다. 단테가 그랬고 오비디우스도 마찬가지였다.

그리고 『신곡』이나 『비가』2, 바빌론의 『유배 시편』3 혹은 굴원(屈原)의 『이소(離騷)』에서 보듯, 유형 생활은 내세로의 여행과 관련된 작품들을 탄생시킨다.

이민은 그보다는 의도적인 여행이다.

여기서 가난하게 사는 것보다는 차라리 멀리 가서 사는 것이 더 낫다는 생각으로 사람들은 동향인들과 함께 새 땅을 개척하고 새 도시를 세운다.4 그리하여 런던의 소호(Soho)와 같은 향토 음식점이 생기고 뉴올리언스의 재즈 같은 망향의 음악이 탄생하기도 한다.

은퇴는 거의 의도적인 행위이다.

몰리에르의 『인간 혐오자(Le Misanthrope)』에 나오는 알세스트처럼 예민한 사람들은 사회로부터 물러나고자 한다. 물러나기 위해 그들은 그럴듯한 핑곗거리를 만들어 내는가 하면 (마치 후송되는 부상병처럼) 차라리 상처라도 입었으면 하고 바라기도 한다. 샤토브리앙이 아메리카로 간 것은 결코 쫓겨났기 때문이 아니었다. 스냥크루5와 로티6의 경우는 또 어떤가?

---

2 고대 로마 시인 오비디우스의 시집.
3 바빌론에서 지어진 유배 시편들.
4 그 도시와 개척지의 이름에 언제나 '뉴(또 하나의)'라는 수식어가 붙는 것은 멀리 떨어져 있다는 느낌을 완화하고 그 거리감을 단순한 연속성으로 바꾸기 위해서일 것이다. (뉴질랜드, 뉴욕)(원주)
5 에티엔 피버트 드 스냥크루(Étienne Pivert de Senancour, 1770~

차라리 완전한 실패는 끝내 도달하지 못했던 어떤 숭고함에 대한 보상이 되기도 한다.

전에 썼던 시를 고쳐 쓰거나 앞서 했던 말을 취소하는 행위도 무심코 내뱉었던 말로 되돌아가는, 이를테면 하나의 귀환일 것이다.

3 침략적인 여행
　　(강압에 의한 여행과
　　거의 다를 바 없다)

출장에서부터 국제 무역에 이르는 모든 거래. 이것의 특징은 사물을 그리고 사람을 점유한다는 것이다. 흑인 매매나 매춘부 매매가 그 예이다. 또한 상업적 거래는 '경주(course)'를 암시하는 '경쟁(concurrence)'에 의해 이루어진다.

외교에 의한 혹은 무력에 의한 정복. 그것은 처음에는 비의도적인 것으로 그리고 방어로 나타나지만 곧바로 공격

　　1846) 18세기 후반에서 19세기 전반에 활동한 프랑스 초기 낭만주의 작가.
　6　피에르 로티(Pierre Loti, 1850~1923). 19세기 후반에 활동한 프랑스 작가.

으로 바뀐다. 오늘날에는, 한쪽에서는 방어적인 목적밖에는 없다고 말하지만 상대편의 입장에서 보면 그것은 의도적인 침략일 뿐이다. 어쨌거나 거기에는 이동과 왕래가 있다.

또 학술회의나 정보 전달처럼 사상 교류의 형태를 띠거나 포교 활동처럼 사상 보급의 형태를 띠는 선전 행위도 있다. 중국 승려 현장이 인도 불교 성지를 순례한 여행, 그리고 사도 바울이나 성 프랑수아 자비에가 한 여행이 그 예이다.

그런데 상업적 거래와 정복과 선전, 이 셋이 혼합된 경우가 있으니 십자군 원정이 바로 그렇다.

4 호기심에 의한 여행

——인간의 호기심에서 비롯되는 과학적 탐험이 있다. 이러한 여행에는 여러 가지 다른 목적이 결합될 수 있다.

가령 이집트 원정 같은 군사적 목적, 혹은 푸코 신부의 경우7처럼 종교적인 목적, 그리고 하논의 대항해에서 볼 수 있는 상업적 목적 등이 그것이다.

—아메리카의 발견은 서로 양립할 수 없는 여러 가지 욕망들에 부응한다.

—탐험만큼 체계적이지는 않지만 쥘 베른의 『해저 2만리』처럼 유년 시절에 보다 어울릴 만한 여행도 있다. 마치 '야만의 땅으로 가고자 하는 갈망'처럼 보다 소설적인 것, 그리고 저 탕아의 여행처럼 보다 광적인 것…….

—세계 일주와 같은 긴 여행에서부터 도시 근교의 산책에 이르기까지 기분 전환을 위한 온갖 여행. 이러한 여행이 순수한 경우는 드물다. 루소마저도 산책을 식물 채집에 이용했다. 그러한 여행은 호기심을 충족시키는 만큼 결코 단순한 심심풀이에 그치지는 않는다.

—예정된 여정을 벗어나 혼자서 하는 여행에서부터 인솔자가 있는 단체 여행에 이르기까지 관광 여행은 그 재미와 유용성 그리고 편안함의 정도에 따라 매우 다양하다.

퇴퍼의 『지그재그 여행』은 기분 전환과 연구가 혼합된

---

7 19세기 후반에서 20세기 초까지 시리아, 팔레스타인 및 알제리 사하라 사막 등을 편력했다.

여행의 한 형태이다.

로빈슨 크루소의 예에서 보듯, 소박한 호기심에서 출발한 여행이 인간의 열정에 대한 예찬으로 마감되기도 하며, 또 어떤 여행은 대단한 이상을 실현하기 위해 시작되었으나 환멸 어린 실패로 막을 내리기도 한다. 그러나 돈키호테의 실패가 위대하지 않다고 말할 수 있겠는가.

두려움은 호기심을 조절해 준다. 고비노가 쓴 『여행하는 삶』의 매혹적이고 잊히지 않는 장면들 중에서, 리디아 콩티가 자신과 남편의 여행단에 끼어든 '낯선 사람들'의 '기이함'에 두려움을 느끼는 장면에서 보듯이.

여러 가지 커뮤니케이션 수단들이 편리해짐에 따라 타인들과의 일상적인 접촉이 결여되다 보니, 우리의 열성이랄까, 어떤 선한 의지와는 상반되는 감정들이 생기기도 한다.

5   시간 조작을 통한 여행

역사가 우리가 알고 있는 바와는 다르게 흐른다고 가정함으로써 이루어지는 여행이 있다. 르누비에는 『유크로니(Uchronie)』라는 제목으로 가상의 역사를 구성했다. 즉, 로마 제국이 이민족에게 정복당하지 않고 로마 종교도 기독교에 굴복하지 않은 채 정상적인 발전을 거듭하여 오늘날에 이르렀다는 가설이다. 유토피아(utopie)가 이상적 공간을 말한다면 유크로니는 꿈속의 어떤 시간을 말하는 것이다.

그리고 미래로 펼쳐지는 여행도 있다. 워싱턴 어빙의 소설에서 주인공 립 밴 윙클은 잠에서 깼을 때 주위에 있는 어떤 것도 알아보지 못한다. 잠들어 있던 백년 동안 모든 것이 변해 버렸기 때문이다.(『잠자는 숲속의 미녀』와 같은 동화에서는 궁전의 모든 것이 하나도 변하지 않는다.) 이때 문제는 그러한 여행이 진행되는 동안 무엇이 움직이지 않는 기준점이고, 어느 것이 항상 변하는 독립 변수인가를 결정하는 일이다. 즉, 사람인가 아니면 그를 둘러싼 주위 환경인가? 위고처럼 "오 자연이여, 그대는 벌써 잊었는가!"라고 말할 것인가 아니면 라마르틴을 따라 "자연은 언제나 한결같도다."라고 할 것인가. 프루스트는 변화를 보편화한다. 근대 수학이 이룬 기적만큼이나 놀랍게도 그는 무수히 많은 순간들(미분)을 통해 영원한 전체(적분)를 회복한다. 잃어버린 시간의 입자들을 다시 정돈함으로써 깨어지지 않는 시간의 덩어리를 재구축하는 것이다.

이상한 나라의 앨리스가 하는 여행은 어느 쪽에 놓아야 할까?

6   초월을 위한 여행

모든 통과 의례는 상승을 위한 여행의 서주이다. 샤머니즘에서의 통과 제의가 그러하며, 어떤 단계에서 다른 단계로 옮겨 가는 것을 '여행'이라고 부르는 프리메이슨에서도 마찬가지다. 물론 이 경우 단계 이동과 상승은 비유적이며 상징적이다.

신비주의 신학에서도 역시 단계의 개념을 사용한다. 즉, 상승하는 순서에 따라 이어지는 세 갈래의 길——속죄의 길, 계시의 길, 합일의 길이 있다. 뿐만 아니라 신비주의의 수련자들은 제각기 자신이 밟아 온 혹은 애써 올라온 특별한 단계들, 말하자면 긴 여정 중에 자기가 묵어 왔던 '숙소들'을 열거할 수 있을 것이다. 그러한 개인적인 경험은 참된 것일수록 더욱 남과 비교할 수 없는 고유한 것이 된다.

고행 없이는 초월도 승화도 없다. 고행은 일련의 시련을 의미한다. 『천로 역정』은 지상에서 하늘로 올라가는 과정을 영상으로 우리 눈앞에 펼쳐 보이고 있는 듯하다. 투르 드 프랑스——프랑스 전역을 일주하는 전통적인 자전거 경주 대회——는 어떻게 보면, 갈보리로 올라가는 (예수의 고통스런) 여정을 나타내는 세속화된 이미지일 것이다. 그 대회에서는 중간 기착지마다 성스러운 여인들이 나와 선수들의 이마에 흐르는 땀을 닦아 준다. 마들렌 드 스퀴데리의 소설 『크렐리』에 나오는 '사랑의 지도' 역시 다른 각도에서 보면 고대풍의 여행이 속세로 투사된 것이리라.

영혼의 이정표를 담지 않은 위대한 작품은 없다. 『빌헬름 마이스터의 편력 시대』 그리고 단테의 『신곡』을 보라. 그리고 장소가 바뀌면 예외 없이 여행자의 모습도 달라진다. 그 변화는 가히 변신이라 할 만하다.

순례는 출발점—이미 신앙의 중심지가 되어 버린—으로 돌아가는 것이다. 마시뇽은 "신은 도처에 존재하는데 무엇 하러 예루살렘으로 가는가?"라고 묻고는 "그것은 그 장소가 기도를 강요해서가 아니라 오히려 기도에 어울리기 때문이다."라고 대답한다. 순례자가 자기 조국을 떠나는 것은 자신의 진정한 조국을 찾으러 가는 것이다. '장소를 창조'해 냄으로써 역사적인 것이 영원 속으로 편입된다.

○

그러므로 여행의 양식은 다양하다.

그것은 멀리서 별처럼 반짝이는 목적들에 부응한다. 여행은 본질적으로 의도적이기 때문이다.

여행을 위한 여행이 있을 수 있을까? 아마도 없지는 않을 것이다. 그렇지만 그러한 여행은 거의 기분 전환에 지나지 않는다. '심심풀이로' 여행한다고 할 때 그것은 '장난삼아 하는' 이동일 뿐이다.

아이들이 타는 회전목마는 여행으로서의 존재 자체를 부인하는 순환적인 여행이다. 거기에는 시작도 끝도 없기 때문이다. 그때 여행자는 움직이지 않는 축을 중심으로 회전한다. 빙빙 도는 것 말고는 어떠한 목적도 없다. 영화에서도 마찬가지다.

유추해서 생각하면, 여행기를 읽고 있는 사람은 그렇게 빙빙 도는 사물과 사람들의 한가운데에 머물러 있다. 그렇지만 이 경우에는 어떤 방향, 목적은 있다.

여행의 변증법

여행에는 언제나 목적지가 있다. 그것이 없다면 그 여행은 존재 의의를 잃게 된다. 그럴진대, 이처럼 '다른 곳을 향하여' 나아가기 위한 여행에 인습적인 것이 스며들 수는 없을 것이다.

여행에는 모름지기 '신성함'이 깃든다. 예컨대 기차 여행을 보자. 역은 견고한 자재로 건축된 매우 중요한 유적이다. 모든 교통 수단들은 역 주위로 몰려든다. 그것은 하나의 즉자(卽自)이며, 어떤 경우든 '이곳을 위한 것'으로 거기 있다. 거기에서 물건들은 (신문은 아니지만) 가격이 바뀐다. 역의 구내 식당은, 옛날 중국 상하이에 있던 프랑스 조계(租界)처럼 '다른 곳에 있는 우리 땅'의 성격을 띤다.

기차의 행선지는 정해져 있다. 여행자는 그것을 알고 있어야 하며 또 그것을 분명히 말할 수 있어야 한다. '오를리 공항의 미친 여자'는 그걸 몰랐다.[8]

승무원의 검표 또한 엄숙하다.

---

[8] 몇 년 전 파리의 오를리 공항에 도착한 어떤 여자가 다시 비행기를 타고 떠나려 했다. "어디로 가십니까?"라는 질문에 그녀는 "어디든 좋으니 표나 한 장 주세요."라고 했다. 사람들은 곧 그녀를 미친 여자로 간주하여 가두어 버렸다. 그녀가 잘못한 것은 무엇인가? 그녀는 여행이 갖는 신성함을 모독했던 것이다.(원주)

물론 출발 시간에 맞추어 미리 도착해 있어야 한다. 그러지 않으면 늦어서 기차를 못 타는 것은 둘째 치고 무엇보다도 시간표의 성스러움을 범하게 되는 것이다.

승객은 이런저런 금지 사항과 준수 사항에 둘러싸여 있다.

기차가 출발할 때는 이별의 징경들이 펼쳐질 수도 있을 것이다.

기차 안에서 여행자들이 취하는 태도에서도 여행이라는 행위의 중요성이 드러난다. 일등칸에는 쓸데없이 돌아다니지는 않을 무게 있는 사람들이 탄다. 그들의 교만한 태도는 거리감을 자아낸다. 반면 이등칸에는 소풍객들의 정겨움이 있다. 그들의 태도는 축제 분위기를 띤다.(스페인의 기차에서는 행상인이 복권도 만들어 판다.)

단체 여행객은 리더에게 복종하며 엄격한 규율을 지킨다.

오늘날에는 성스럽던 여행이 '세속적인 것'으로 바뀌고 있다.

기차역은 더욱 접근하기 쉬워졌고 검표는 완화되고 있으며 구내 식당은 열차의 식당칸으로 대체되었다. 또 캠핑을 점점 더 많이 하게 되면서 여관은 그 중요성을 상실해가고 있다.

집 대문에서 천여 킬로미터나 떨어진 다른 집 대문 앞까지 (식사를 하거나 휴식을 취하기 위한 경우를 제외하고는) 한 번도 멈추지 않고 실어다 주는 자동차를 더 많이 이용하게 됨에 따라 '여행'은 진부한 것이 되어 간다. 그리고 입시세(入市稅)나 통관세 등의 폐지는 여행의 존엄성에 이미 상처를 입혀 버렸다.

이리하여 '여행'은 날이 갈수록 그 신성한 성격, 아니 그 성화된 성격을 잃어버렸던 것이다.(여기서 '신성한' 성격이란 그 자체로서 원래 성스러운 것을 의미하며, '성화된' 성격이란 성스러움을 덧입게 된, 그래서 그것을 상실할 수도 있는 것을 의미한다.)

○

 경제적 장벽의 제거와 수송 수단의 가속화로 인해 신성을 잃어버렸던 '여행'은 다행히도 어떤 변증법적 운동을 통해, 즉 절대 뛰어넘을 수 없고 에돌아가기에는 너무 먼 새로운 장애물 덕분에 그 시울 수 없는 존엄성을 되찾는다.(이전에는 산이나 바다가 장애물이었다면 이제는 영사관의 존재로 대변되는 국경이 그것이다.) 비행기를 타게 되면서 아낄 수 있었던 시간을 까다로운 입국 수속이 까먹고 만다. 이리하여 여행은 잃어버린 비장함을 회복한다. 여행자를 괴롭혔던 권태는 이제 불안감에 그 자리를 내준다. 그 불안은 열정을 다시 불러일으키는 유익한 불안이다.
 이집트나 티베트의 『사자(死者)의 서』속에 그려진 길고 긴 사후의 여정을 이제 우리는 더 잘 이해할 수 있다. 그 여정은 지켜야 할 의식과 제의를 제시하며 금기와 율법을 선포한다. 저 너머의 세계에서 비쳐 오는 '성스러운' 후광은, 하찮은 것으로 전락해 가는 '여행'에 그것의 불가항력적인 어떤 양상을, 즉 그것의 숙명을 되찾아 준다.

후기

인생이 여행에 비견될 수 있을까? 이 비유는 철학자들이나 종교인들이 사용해 왔다. 보쉬에의 말에 따르면, 인간이란 자기가 지나가는 장소에 멈춰 서서 그곳의 아름다움을 음미해 보고자 하지만 "걸어라! 걸어라!" 하고 외치는 어떤 준엄한 힘 때문에 그러지 못하는 나그네다. 이렇게 해서 인간은 자신을 두려움에 떨게 하고 끝내는 삼켜 버리고야 말 심연의 끝에 어김없이 도달하는 것이다.

그럴 때에 인생이라는 여정은, 쇠사슬에 발목이 묶인 채로 크레믈린비세트르의 유치장에서 툴롱의 도형장으로 끌려가는 도형수들의 그것에 비유될 수도 있을 것이다.

그러나 '여행'이 꼭 이렇게 극단적인 성격만을 갖는 것은 아니다. 여행자, 세일즈맨, 행상인 들이 그들 마음에 드는 도시에서 언제나 멈출 수 있는 것은 아니라 해도, 또 비록 시간표와 일정에 의해 제약을 받는다 해도 그들은 휴식이라는 은혜를 누리기도 하며, 때로 여행 코스를 변경할 수도 있다. 한 국가의 장관들이나 지도자들도 이동하는 데 일정한 재량권을 가지며, 또 의전상의 절차가 무시되는 것도 충분히 예상할 수 있는 일이다.

보쉬에와 모든 모럴리스트들이 여행에 관해 앞에서처럼 말했던 것은 다음 사실을 강조하기 위해서였다. 즉, 공간 이동이 어떤 방향으로, 또 어떤 속도로 이루어졌든 간에 인간이 거기에 써 버린 시간은 돌이킬 수 없다는 것이다. 이 점은 매우 유감스러운데 왜냐하면 설령 왔던 곳으로 되돌아갈 수 있다 해도 그것은, 이미 지나온 거리와 시간을 되돌려 받는 것이 아니라 오히려 여기까지 오느라 걸린 시간에다 돌아가는 데 걸린 시간을 덧붙이는 것밖에는 되지 않기 때문이다. 게다가 더욱 유감스러운 사실은 시간은 결코 멈출 수 없다는 것이다.

바로 그 사실은 여행하고 있건 이동하지 않고 한 군데

붙박여 있건 공통으로 해당된다. 여행을 하면 머물러 있을 때와는 달리 시간이 꽉 채워졌다는 느낌을 가질 수 있다는 것은 이점이다. 그러나 결국 그 느낌은 비어 있다는 느낌에 자리를 내주고 만다. 이동을 하는 것이 무언가를 하는 것이기는 하지만 자신이 진정으로 관심을 갖는 것을 하는 것은 아니다. 자신의 바깥으로 나오게 되어 자신이 해야 할 일에 전념하지 못한다. 결국은 남들이 해 놓은 일에 매달리게 된다. 그러는 만큼 사람은 남들이 하는 일에 흥미를 느끼게 된다.

여행하지 않고 머물러 있을 때에라도 시간을 멈출 수 없는 것은 엄연한 사실이다. 그렇지만 시간을 멈춰 서게 하는 것이야말로 여행의 '목적'이다.

이와는 반대로, 보쉬에가 말하는 죽음은 인생의 '끝'에 지나지 않는다. 그것은 여행자가 추구하는 '목표'의 반대되는 곳에 놓여 있는 하나의 종착점일 뿐이다.

보들레르 역시 보쉬에와 같은 입장에 섰다. 즉 어쩔 수 없이 여행은 만물의 끝인 죽음에 이르게 된다는 것이다. 위대한 시 「여행」을 그가 『악의 꽃』 맨 끝에 둔 것도 이 때문이다. 그러나 그의 생각은 보쉬에와는 다르다. 보쉬에의 여행자는 줄곧 멈추고 싶은 길을 따라 계속 나아가도록 선고받은 자이다. 그러나 보들레르의 여행자는 훨씬 자유롭다. 그 여행자는 '치욕스런 조국'을 혹은 자신을 저버린 여인을 자신의 의지에 따라 떠난다. 심지어 그는 아무런 이유 없이 순전히 여행하는 즐거움을 위해 여행하는 것이다. '진정한 여행자는 떠나기 위해 떠나는 자다.'

　이것은 여행에 대한 낭만적 예찬이다. 물론 깊이 들여다보면 여기에 어떤 기만이 있기는 하지만 그게 무슨 대수일까. 중요한 것은 이것저것 생각하지 않고 감행하는 비상(飛上)이다. 보들레르에게 가장 감동적인 시 구절을 불어넣어 준 것도 바로 그 날아오르는 일탈이다. 게다가 '죽음'은 이제 최후의 치명적인 종착점 이상의 그 무엇이다. 그것은 있을지도 모를 어떤 발견의 도구가 된다. 그 끝없는 환멸과 식을 줄 모르는 권태에도 불구하고 삶이라는 여행은, 시인의 환희를 정당화해 주는 근원적으로 새로운 어떤 나라에

당도하는 것이다. 그 나라는 어찌 보면 신학자 보쉬에의 그 것과 동일한 것일 수도 있다. 그러나 훨씬 더 많은 위험을 무릅써야만 도달할 수 있는 그런 나라이리라.

La Promenade   산책

정의와 첫 좌표들

'이리저리 가게 하다, 이끌다'라는 뜻의 불어 동사 '프로므네(promener)'는 자동사의 의미(산책하다)로 그리고 타동사의 의미(산책시키다)로도 쓰인다. 말이나 개를 이리저리 산책시키며 때로 자기의 정신을, 시선을, 심지어 라신의 작품에서처럼 욕망을 산책시킬 수도 있다.

불경스런 무리들은 말하네,
웃고 노래하자고,
이 꽃에서 저 꽃으로
이 쾌락에서 저 쾌락으로
우리의 욕망을 산책시키자고……

그리고 아래의 유명한 돌림노래에서는 자동사의 의미로 쓰이고 있다.

숲속을 산책하세
늑대가 없는 동안.

세비녜 부인[1]은 두 가지 의미를 같이 사용했다. "나는 내 아들에게, 나는 그에게 신경 쓰고 싶지 않으므로 혼자 산책할 거라고 말한다. 그리고 사람을 시켜 그를 데리고 나가 산책시키게 한다."

산책은 의도적인 행위이다. 그런데 언뜻 보기에 여행보다는 훨씬 덜 의도적인 것 같다. 여행은 목적지가 있지만 산책은 그렇지 않기 때문이다. 그러나 이건 피상적인 차이일 뿐이다. 사람들이 산책하거나 산책시킬 때 결코 아무 때나 아무렇게나 그러는 것은 아니다.

산책에서 장소는 얼마나 중요한가? 어떤 공원들은 그 이름이 아예 '산책(로)'이다. 그리고 극장이나 뮤직홀에는 프롬누아르(promenoir), 즉 입석 공간이 마련되어 있는데 이 말은 원래 주민들이 자주 산책하는 가로수길을 의미했

---

1 Sévigné(1626~1696). 프랑스의 서간 문학 작가.

다. 파리에서 먼 시골의 작은 마을에서는 기차역이 사람들을 끄는 곳이다. 기차가 들어오는 시간이면 산책하는 사람들은 역으로 모여들어, 십중팔구 모르는 이들인 여행객들이 지나가는 것을 구경한다.

시간은 어떤가? 산책하기에 좋은 시간이 있는데, 낮의 열기가 사라진 뒤나 하루 일과가 끝나고 난 뒤의 시간, 그러니까 온대 기후에서는 해 질 무렵이 그렇다. 다른 기후대에서는 밤이 좋다. 그 밖의 시간대에 하는 것은 산책이라기보다는 차라리, 하루 일을 마친 후 잠시 쉬면서 거니는 소요(flânerie) 정도일 것이다.

마지막으로 '어떻게' 산책하느냐의 문제를 들 수 있는데 이는 간단치가 않다. 어쨌거나 육체와 정신의 긴장을 풀 수 있도록 해야 하지만 그것도 어느 정도까지만 가능하다. 왜냐하면 산책하면서 사람들은 다른 곳으로 가는 것은 아니지만 그렇다고 해서 자기 집에 머무는 것도 아니기 때문이다. 그러니 진정한 산책자로 남는 일보다 더 미묘한 일은 없다. 진정한 산책자는 이렇듯 양자의 '사이'에 놓이는 존재이며 스스로도 그 점을 잘 알고 있다.

강요에 의한 산책

의도성이 약한 순서대로 산책의 여러 양태들을 검토해 보자.

강요에 의한 것은 산책이라 부르지 말기로 하자. 하지만 그러한 산책은 기숙사 사감이나 감옥의 소장 등 그것을 시키는 사람의 의도에 부합하는 것이기는 하다. 이러한 산책은 서로 판이한 사람들을 한 장소에 몰아 섞어 버린다. 가령 오스카 와일드와 보트랭이[2], 그리고 숭고한 폭군 암살 기도자와 사악한 간수들이 함께 산책하는 것이다.(물론 이 경우는 폭군이 그 암살 기도자의 목숨을 살려 주고 또 당국이 부랑배들을 감옥의 간수로 동원했을 때이다.) 산책시키는 자와 산책당하는 자는 동일한 치욕 속에서 서로 구분되지 않는다.

이러한 산책은, 그 구성원의 행복을 목표로 삼고 그것

---

[2] 발자크 작품 총서 '인간 희극'의 여러 소설들에 단골처럼 짧게 등장했다가 사라지는, 신원이 모호한 인물.

을 달성하기 위한 수단으로는 (감시받는) 자유와 (조종받는) 훈련을 채택한 어떤 사회, 그런 사회가 갖는 복합적인 사디즘의 한 형태이다.

그렇지만 감옥의 뜰에서 하는 산책과 기숙사에서의 산책 사이에는 정도의 차이가 있음을 지적해야 할 것이다. 그리고 기숙사의 산책과 『홍당무』에 나오는 일요일의 가족 산책 사이에도 마찬가지로 차이가 있다. 그리고 만약 '산책하면서 듣는 강연'이 있다면 우리는 훨씬 더 큰 자유를 누릴 수 있을 것이다. 걷는 도중에 안내자 모르게 슬쩍 옆으로 샐 수도 있으니까.

채찍으로 사람을 이리저리 몰고 다니는 것에 산책이라는 이름을 붙이기도 했으니 이 얼마나 우스운 일인가. 지나가면서 군인 한 사람에게서 한 대씩 매를 맞는 벌을 받은 불쌍한 캉디드는 이런 식으로 두 번의 '산책'을 당했다.

목적이 있는 산책

우리는 어떤 목적을 가지고 산책할 수도 있다. 회복기의 환자들에게 의사가 권하는 산책이 그렇다. 환자들은 그들이 남겨 두었던 기력을 써 버림으로써 다시 새 힘을 얻는다.

기계화되기 전에는 군대에서도 병사들의 전투력 배양을 위해 가장 좋은 방법은 군악 소리에 맞추어 점점 더 무거운 장비를 지고 점점 더 긴 행군을 하는 것이라고 여겨졌다. 그렇지만 행군이라는 말 자체가 이미 산책과는 상반되는 어떤 것을 가리킨다. 병사들에게 행군을 시키는 것은 앞으로 있을 전쟁이 적군 쪽에서의 가벼운 산책쯤으로 끝나 버리는 사태를 막기 위해서일 것이다. 한편 행군을 잘하는 병사에게는 전투가 그저 산책 정도일 것이라고 기대하면서 병사들을 훈련시키기도 했다.

복잡한 의학상의 이유로 산책이 의식적인 보행 연습이 되기도 한다.(원래 산책이란 그렇게 의식적인 것은 아니다.) 자기 사고에 대한 통제 기능을 상실한 신경 쇠약증 환자들은 자신들의 감각과 동작을 의식하는 훈련을 함으로써 효과를 볼 수 있다. 그래서 그들은 산책할 때 발바닥이 땅에 닿는 감촉과 무릎의 구부러짐 그리고 어깨의 움직임, 나아가서는 온몸의 균형을 느끼게 된다.(아니 느껴야만 한다.) 이쯤 되면 이것은 산책의 전략일 것이다.

　　몇몇 사람만이 제대로 알고 있는, 그러나 너도나도 다들 한마디씩 하는 문제들에 괜히 발을 들여놓을 필요는 없으니, 요가의 동작들에 대해서는 말하지 않기로 하자.

친교를 위한 산책

　　산책은 널리 애호되는 '교제'의 한 방식이 될 수 있다. 가을에는 사냥터에서, 겨울에는 살롱에서 그리고 옛날 극장의 휴게실에서 그랬던 것처럼 여름에는 산책이 서로 신분이 다른 사람들을 만나게 해 준다. 에커만의 『괴테와의 대화』를 읽어 보면 아우구스트 대공(大公)의 문예 담당 대신이었던 괴테가 그와 함께 얼마나 자주 산책을 했는지 놀라지 않을 수 없다. 때때로 숲속에서 야영하면서 두 사람은, 궁정의 분위기에서는 하기 어려웠을 자유로운 대화를 나누곤 했다. 이토록 고귀한 친교가 다른 시대에도 있었을까? 나는 그러한 예를 알지 못하지만 있기를 바란다.

철학적인 산책

야외나 회랑 혹은 공원에서 이루어진 대화들이 많은 철학 학파들의 기원이 되고 있으며 그들의 이론 또한 서로 대화하는 가운데 발전되어 왔다는 사실을 상기해 보는 것도 무익한 일은 아닐 것이다. 그런데 이러한 대화들은 산책의 또 다른 형태이다. 다만 조화가 생화보다 오래가듯이 산책보다 대화가 더 오래 살아남았을 뿐이다. 그리고 논문 발표회나 토론장 혹은 회의장에서 급기야는 '논쟁'이 대화를 제치고 마지막 승자가 되었다.

말브랑슈는 이미 『형이상학과 종교에 관한 대화』의 첫 머리에서 해설자들로 하여금 닫힌 방 안으로 들어가 커튼을 내리도록 했다. 버클리는 『힐라스와 필로누스의 세 대화』를 쓰면서 그들의 대화를 야외에서 진행시키며 아침의 '자연'이 우리에게 선사하는 순수하고도 감미로운 기쁨을 첫 페이지에서부터 예찬한다. 그러나 그 역시 자연의 은밀한 황홀함 앞에서 결코 오래 머무르지 않는다. 정원의 고요함과 아침나절의 정적을 이용해 기껏 자신의 두 등장인물들의 머리를 맑게 해 줄 뿐이다. 그리고 마침내는 솟아오를 때나 떨어질 때나 동일한 물리학적 법칙의 지배를 받는 분수, 그 분수의 마지막 물줄기만큼도 멀리 가지 않는 그의 산책이 무용하고 공허하다고 결론짓고 만다.

일리수스에서 소크라테스가 했던 산책, 아카데모스의 정원에서 플라톤이 했던 산책, 아리스토텔레스가 그의 철학 학교—거기엔 늑대들이 자주 출몰했다—에서 한 산책, 그리고 에피쿠로스의 산책 들은 이와는 매우 달랐다. 나는 산책에 대한 애정은 자연에 대한 감정과는 다르다는 점을 지적하고 싶다. 자연을 향한 감정은 고대인들의 사상에 단지 간접적인 영감만을 제공했다. 그들에게는 그러한 감정이 암묵적인 것이었기 때문이다.

산책하는 방식 또한 어떤 철학 학파냐에 따라서 사뭇 달랐을 것이다. 그리스인들이 이런저런 얘기를 나누면서 오솔길을 따라 걸었다면 중세의 스콜라 철학자들은 마치 오늘날의 신학생들처럼 서로 마주 보면서 걸었을 것이다. 한쪽이 나아가면 다른 쪽이 뒷걸음질하고……. 꼭 상반되는 주장들이 체계적으로 대립하는 듯한 형상이었으리라.

칸트의 저 유익한 저녁 산책은 규칙적인 휴식에 불과한 것이었다. 그것은 단지 그를 엄청난 작업으로부터 잠시 벗어나게 해 줄 뿐이었다. 이와는 달리 니체의 산책은 그의 저작들을 탄생시킨 자양 그 자체였다.

철학적 산책과 관련하여 떠오르는 의문 하나가 있으니, 회의주의자의 산책이 확신에 찬 독단론자의 것보다 더 우월한가 하는 것이다. 전자가 '화학적으로' 더 순수한 것이 아닐까? 그것은 그 자체로서 하나의 탐색이며 그러므로

'보다 앞서' 행해진다. 반면 독단론자의 산책은 어떤 발견의 결과이며 그리하여 '이후에' 행해진다. 어쨌든 몽테뉴가 말한 것처럼 회의주의자의 정신에 산책은 없어서는 안 된다. "모든 숭고한 장소에는 산책로가 있어야 한다. 일으켜 세워 걷게 하지 않으면 내 사유들은 곧 잠들어 버린다."

자연과의 교감을 위한
산책

여기서는 자신의 산문시에 '고독한 산책자'라고 이름을 단 보들레르를 비롯하여 모든 '낭만주의자들'과 그들의 작품들을 일일이 열거하고 인용해야만 할지도 모른다.
특히 루소에게 산책이 갖는 의미는 한둘이 아니다.
그것은 우선 고독한 것이어서 몽상과 명상을 하기에 그만이다. 그러므로 그의 산책은 다른 사람들과 교제할 수 있게 하는 것이 아니라 오히려 그들로부터 달아날 수 있게 해 준다. "인간의 얼굴에는 내가 보기에 증오심밖에 없지만 자연은 언제나 나를 향해 미소 짓는다."

시인이 추구하는 고독은 그가 처한 강요된 고립에 대응하는 마조히즘적인 수단의 하나이다.

이러한 종류의 산책은 그 자체가 인간에 대한 자연의 친화력의 한 징표이다. 그 풍경은 아마도 섬의 풍경 같으리라. 그러나 그 섬의 정경이 곧 싫증 날 만한 것은 아니다. 그것은 '거칠지만 온화하며 단조로우면서도 색채가 있고 또 외롭지만 풍요한' 정경이다. 호수 위에 떠 있는 쪽배의 움직임은 작고도 한결같지만 그렇다고 정신을 마비시킬 정도는 아니다.

이러한 양식의 산책은 집단적이고 교훈적인 산책 외에는 받아들이려 하지 않는 현대인에게 잘 어울리지 않는다.[3]

---

[3] 루소의 『고독한 산책자의 몽상』을 위한 서문을 쓰면서 나는 산책하는 자의 몽상이 사유하는 자의 성찰 속으로 동화되고 있음을 지적했다.(루소 이전까지는 거꾸로였다.) 또 잘 통제된 몽테뉴의 산책과 자유롭게 풀어놓은 듯한 루소의 그것을 대비하여 말했다.

한편 산책자가 취하는 코스는 그 사람의 성격을 매우 잘 나타낸다. 가령 스낭쿠르의 다음 글에서 보듯 그는 순환적이다. "내가 즐겨 가

산책에서의
성(聖)과 속(俗)

산책이 행진이나 행렬을 이룰 때는 성스러움을 입게 된다. 가톨릭 전례(典禮)에서 행렬은 다음에서 보듯 다양한 의도에 부응하고 있다.

망령절(성지 주일)
중재(전염병의 경우)
고해(고해자)
강복(성체 첨례)
축의(행렬이 주교 쪽으로 나아갈 때)
십자가의 길(삼천 기도)
서원(루이 13세의 서원과 마르세유 서원)
감사의 기도(은혜의 아버지)
전임(성유골)
순례

는 길이 있는데 그 길은 숲처럼 원을 그린다. 그래서 그것은 평원에도 도시에도 이르지 않는다……. 마치 끝이 없는 길 같아서 모든 곳을 통과하지만 아무 데에도 닿지 않는다. 그 길을 나는 일생 동안 걸어갈 것 같다."(『오베르만』 중 열두 번째 편지)(원주)

이 마지막 산책은 차라리 여행에 속한다.

또한 반쯤 성스러운 성격을 갖는 산책인 정치적 시위(때로는 침묵 속에서, 때로는 소란스럽게 행해진다.)와 종교적 예식 사이에서는 거의 차이를 발견하기 힘들다. 수십만 군중이 운집하는 도쿄의 천황제는 그 엄숙함에서, 같은 규모의 사람들이 참여하여 침묵 행진하는 노동당의 사회주의 축제와 닮았다. 그 둘 사이에는 피상적인 차이밖에는 없다. 여신 아테네에게 페플롬4 한 벌을 가져다주기 위해 고대 그리스에서 열린 범아테네제(祭) 행렬은 세속적인가 종교적인가? 그리고 델포이와 델로스의 행렬들은 어떠한가?

이것들은 우리가 보기에는 종교적이면서도 동시에 애국적인 의식이다. 어떤 유해를 앵발리드 사원이나 판테옹으로 이장(移葬)하는 것만큼이나 엄숙하고 신성한 이들 행렬을 비종교적인 행사로만 간주하는 것은 터무니없는 일이다. 만약 이것들과 비슷한 어떤 의식이 인도에서 행해진다면 인도 연구가의 눈에 그것은 순수하게 종교적인 행렬로 보일 것이다. 왜냐하면 그곳은 서구적 의미의 휴머니즘의

---

4 소매 없는 여자의 웃옷.

흔적을 찾아볼 수 없는 신 중심적인 문명이기 때문이다. 필요한 경우 신은 동물의 형상으로 이 땅에 내려오기도 한다. 그곳 원주민들이 저거노트 수레5 밑으로 자신들의 몸을 던져 깔려 죽는 모습을 보더라도 여행자들은 놀랄 필요가 없다. 이집트의 사제들은 사람들로 하여금 이와 유사한 산책을 그들의 여신 이시스에게 바치도록 한다.

스페인의 성 주간 행렬이 관광 축제로 변해 가는 것처럼 성스러운 것이 세속적인 것으로 변질될 수도 있다.

들판에서 외치는 선지자의 호소, 한 영혼이 다른 영혼에게 해 주는 절절한 충고, 산중 칩거, 혹은 호수 위에서의 예언, 이런 것들은 이제 겁먹은 신도들을 위압하는 으리으리한 장소에서 정해진 시간에 행해지는 주일 강론 같은 것에 그 자리를 내주었다.

이와는 반대로, 혁명에 크게 공을 세운 위대한 시민들의 사진으로 행렬을 이루어 지나가는 것은 성상(聖像) 행렬이 갖는 숭고함에까지 이를 수 있다.

세속적이라 할 수 있는 국가 원수의 산책도 충분한 군

---

5 인도의 힌두교 예배 행렬에 등장하는 수레. 모든 장애물들을 거칠 것 없이 밟고 돌진한다고 알려져 있다.

중과 상당수의 경호원으로 둘러싸인다면 성스러운 것이 될 수 있다. 시민들이 많이 모여들기 때문에 경찰이 동원되는 것이 아니라 많은 수의 경찰이 사람들의 호기심을 끌어 모으는 것이다. 시선을 끌기 위해서는 경호를 받아야 한다. 이렇게 되면 이제는 기적이 일어날 수도 있다. 바로 그때 지도자는 자기를 보호해 주던 사람들을 물리치고 지금까지 그들이 경계하던 사람들, 즉 군중 속으로 섞여 들어간다. 성부는 (겉보기에만) 인간이 된 '아들'의 인격 속에 나타나기 위해 자신의 신성을 (겉보기에만) 벗어 버린 것이다.

약식의 산책과 완전한 산책

키르케고르에게 그의 아버지가 시킨 산책은 특이하게 축소된 산책이었다. 일요일에 아들과 함께 밖으로 나가는 대신에, 그 아버지는 아들에게 그들이 들렀을지도 모를 모든 장소를 마치 이미 가 보기나 한 것처럼 상세히 묘사해 주었다.

알렉산드리아 철학자들과 그 후예들은 우주를 원칙과 사물들이 오가는 산책으로 이해했다. 신학자들도 신의 내부에서 성부로부터 성자와 성령으로의 '이동'이 일어난다고 생각했다.

'자연'으로 돌아와서 말하자면, 나는 고대 중국인들이 정원을 거니는 것을 본다. 그들의 정원은 이 소우주에서 무수히 반복되는 산과 강의 풍경 그리고 모든 자연물들을 그 안에 포함하고 있는, 말하자면 이 세상의 거울이다.(서양에서는 사람이 정원을 산책한다면 중국에서는 정원이 사람 속을 거니는 것이다.6)

끝까지 걸어가지 않으면 안 된다. 그러니 완전한 산책이란 무엇인지 다시 물어보아야 한다. 열자(列子)의 예를 인용해 보자.

열자는 산책에서 관찰하는 즐거움을 추구하는 대신 명상하는 기쁨만을 발견하면서 자기는 보통 사람들과는 다르

---

6 이러한 의미의 정신적 등가물을 우리는 인간의 운명을 상징하는 미로에서 혹은 성당 안의 십자가의 길에서 찾을 수 있다. 예루살렘의 길이라 일컫는 이 십자가의 길은 고딕 성당의 포석 위에 일종의 돌차기 놀이의 그림처럼 그려진 길로서 사람들은 그곳을 무릎을 꿇고 지나갔는데, 그것은 성지 순례의 축소판이었다.(원주)

다고 생각했다. 그러나 그의 스승은 그에게 그가 다른 사람들과 별반 다를 바 없음을 보여 주었다. 즉 다른 사람들이 눈에 보이게 즐겼다면 그는 정신적으로 즐겼을 뿐이다. 명상도 여전히 외부적인 그 무엇이다. 명상하는 자가 사물에서 기쁨을 얻는다면 관조하는 자는 자기 자신으로부터 그것을 구한다.

스스로에게서 구한다, 그게 바로 완전한 산책이다. 열자는 급기야 산책을 포기했다. 그러나 스승은 다시 그에게 말했다. "산책하거라, 하되 완전하게 하거라. 참된 산책자는 걸어가되 자기가 어디로 가는지 모르며 바라보되 자기가 무얼 보는지 모르느니라……. 내가 너에게 산책을 일절 금한 것이 아니다. 단지 완전한 산책을 권고한 것이니라."

산책의 궁극적인 의미에
대하여(혹은 거대한 공백)

이 모든 것은 어떤 의도적인 공(空)이 존재한다는 것을 의미한다. 그것은 매우 진보된 문명에서만 나타날 수 있다.

뷔퐁은 이렇게 썼다. "야만인들은 산책한다는 것이 무엇인지 모른다. 우리들의 생활 양식 가운데서 앞으로 곧장 걸어 나갔다가 왔던 길로 다시 돌아오기를 반복하는 이 이상한 행동보다 더 그들을 어리둥절하게 만드는 것은 없다."

야만인들——오늘날에는 미개인(non-civilisé)이라 부르는 것이 더 낫겠다——은 우리가 들판과 공장과 같은 일터에서 그러는 것처럼 사냥, 낚시, 과일 따기 등에 쫓겨 힘들게 살기 때문에 아마도 우리가 누리는, 아니 허비하는 여유 시간을 갖지 못하는지도 모른다. 그러나 문제의 핵심은 그게 아니다. 본질적인 차이는 다른 데 있다. 즉 그들은 빠져 나올 수 없는 관습의 망에 갇혀 있었으며 아득한 옛날부터 계속된 습관들의 사이클 속에서 마치 수인(囚人)처럼 사는 것이다. 때로 그들에게 빈 시간이 주어지는 것처럼 보이는 순간에도 그 시간들은 이해력이 짧은 우리 눈에만 비어 있는 것으로 비칠 뿐 정작 그들 자신에게는 결코 빈 시간이 아니다. 그들은 단 일 분도 자기 마음대로 사용하지 못한다.

프랑스로 건너왔으나 생활 수준이 다른 유럽 사람들에 미치지 못하는——이것은 내가 아니라 관계자들의 견해이다——일군의 주민들을 위해 구호 활동을 벌이고 있는 어떤 사람을 나는 알고 있다. 물론 자신도 원래 그곳 출신인 그 사람이 언젠가 나에게 했던 다음과 같은 말은, 그러한 진술을 가능케 한 경험의 풍부함과 중요성으로 나를 깜짝 놀라게 하기에 충분했다.

"몇 년 전부터 내가 매일 방문하고 있는 여자들이 있답니다. 나는 그들의 말을 할 수 있고 또 그들의 나라에서 태어났으며 게다가 내 조상들 중의 한 사람이 그곳 원주민인 관계로 그녀들을 잘 알고 있습니다. 그 여자들은 집에 머물면서 별로 할 일이 없을 때에도 행동이나 말에서 결코 머뭇거리는 법이 없어요. 단 한순간일지라도 생활의 매 정황들

속에서 모든 것이 미리 정해져 있어, 또 모든 것이 서로 연결되어 잇닿아 있기 때문에 그녀들은, 말하자면 모든 것이 꽉 차서 더 이상은 비집고 들어갈 틈이 없는 그런 세계 속에 살고 있습니다.

어쩌다 한두 번인가 (심리적으로) 정지되어 있는 시간을 목도한 적이 있었습니다. 그것은 그들에게는 완전히 낯선 어떤 형태의 삶이 그들 앞에 나타났을 때이지요. 아니면 그들도 모르는 사이에 어떤 예감, 즉 사물들과 행위들이 어쩌면 지금과는 '다를' 수도 있는 것은 아닐까 하는 의혹 같은 것이 그들 정신 속에 불현듯 미끄러져 들어왔을 때랍니다. 이런 순간은 매우 드물지만 한번 찾아왔다 하면 일련의 정신적 사건들을 일으킵니다. 그 사건들은 예측할 수 없는 엄청난 결과들을 낳을 수도, 또 그러지 못할 수도 있겠지요."

바로 이것이, 지적이며 자신의 일에 몰두해 있는, 그리고 다행스럽게도 어떠한 사회학이나 민속학 혹은 인류학 서적도 읽은 적이 없는, 어떠한 연구에도 참여한 적이 없고 어떠한 통계 자료도 참조한 적이 없는, 그래서 자기가 하는 모든 말이 자기의 독창적인 견해일 수밖에 없는 그 사람이 한 말이었다.

산책할 수 있다는 것은 산책할 여가를 가진다는 뜻이 아니다. 그것은 어떤 공백을 창조해 낼 수 있다는 것이다. 산책할 수 있다는 것은 우리를 사로잡고 있는 일상사 가운데 어떤 빈틈을, 나로선 도저히 이름 붙일 수 없는 우리의 순수한 사랑 같은 것에 도달하게 해 줄 그 빈틈을 마련할 수 있다는 것을 말한다. 결국 산책이란 우리가 찾을 생각도 하지 않고 있는 것을 우리로 하여금 발견하게 해 주는 수단이 아닐까?

포도주   Le Vin

포도주의 위상과 정치학

　대부분의 술과 마찬가지로 포도주가 갖는 첫 번째 특성은 마셨을 때 유쾌한 기분이 곧바로 퍼진다는 것이다. 온몸의 감각들은 달아오르고, 그것을 마시는 장소가 아무리 누추하다 할지라도 우리의 상상력은 그곳을 동화 속의 나라처럼 보이게 한다. 그래서 포도주를 마시기 위해서라면 굳이 특별한 장소가 필요 없다. 그러나 게르만 국가들에서는 포도주점(Weinstube)이라 하여 포도주를 위해 지정된 공간을 마련하고 있다. 일반 맥주집이나 커피숍과는 달리 포도주점에서는 다른 것은 안 되고 오로지 포도주만 마실 수 있다. 이러한 구분은 포도주가 보편화된 음료가 아니고 하나의 사치인 나라들, 그러니까 식사할 때 그것을 곁들여 마시지 않는 나라들에서만 가능할 것이다. 그렇게 되면 포도주는, 본질은 아니지만 그 기능이 변하게 된다. 즉 그것은 더 이상 음식이 아니라 단순한 미각적 쾌락의 대상이 되어 버린다.(마치 주식인 빵에 대하여 케이크가 그러한 것처럼.) 물은 갈증을 해소하는 것이고 빵은 배를 채우는 것이지만 포도주는 꼭 필요하지는 않게 된다.

그런데 포도주가 단순한 즐거움의 수단이 아니라 빵과 마찬가지로 하나의 음식물이라는 점은, 사실상 포도주의 본질에 속한다. 지중해 문명에서 빵과 포도주가 얼마나 굳게 결합되어 있는지는 이 천혜의 바다를 둘러싸고 생겨난 여러 문화권의 세례를 받은 모든 사람들이 이 둘을 따로 떼어 생각하지 못한다는 점으로도 알 수 있다. 그리고 빵과 포도주로 행해지는 미사의 성체 배령도 이 둘에 대한 상징적 예찬이 아닌가.

필요라는 것은 이러저러한 풍토들과 그 심성들에 부합하는 것이다. 맥주나 능금주, 코냑, 위스키 또는 보드카 등은 지중해권 밖에 놓인다. 만약 이 중 어느 하나가 다른 것들에 대하여 잠시 동안 우위를 점한다면 거기에는 어떤 정치적인 의미가 있다. 예컨대 전 세계인들이 위스키를 마시고 보드카는 거의 안 마시기 시작한다면, 그것은 옛날 한때 샴페인이 곳곳에 퍼지고 모든 군주들이 베르사유의 정원을 모방해서 자기의 궁전을 꾸미던 것과 동일한 이유에서일 것이다. 우리의 입맛은 우리의 생존 수단에, 또 그 수단으로서의 사고방식에 따라 좌우된다. 또한 국가의 방침에 의해 결정되기도 한다. 이를테면 차(茶)에 대한 영국인들의 기호는 18세기에 중국과 맺은 무역 협정에 기인한다. 즉 영국 쪽에 매우 유리하게 체결된[1] 그 조약에 따라 그들은 찻잎을 대량으로 들여와야만 했던 것이다.(해양성 풍토로 인해 강한 맛의 음료에 길들어 있던 영국 사람들은 물론 처음에는 차 마시기를 거부했다). 포도는 로마인들에 의해 라인강과 뤼테스[2] 부근에, 그리고 모리타니, 누미디아, 나일강 등에 심겼다가 종교적인 이유로 회교도들에 의해 뿌리 뽑혔으며, 역시 종교적인 이유로 기독교도들에 의해 다시 심겼다.

포도주의 시학

포도가 냉대를 받은 적은 한 번도 없었다. 기독교도들

---

1 어떤 웨일스 사람이 내게 그렇게 말해 주었다.(원주)
2 파리의 옛 이름.

이나 이교도들 모두가 그것을 찬양했다.

    티르소스 지팡이를 손에 든 바쿠스(디오니소스)는 주신(酒神) 찬가를 낳은 장본인이다. 이 무질서한 찬가는 아폴론이 리라를 타면서 부른, 영혼의 평온을 반영하는 노래와는 대조를 이룬다. 그러나 바쿠스적인 영감은 희극뿐만 아니라 비극도 탄생시켰는데, 그것은 테스피스의 수레가 원래는 바쿠스의 것이었기 때문이다. 술에 대한 시인들의 예찬은 무수히 많아서 그중 몇몇을 골라서 인용한다는 것조차 매우 성가신 일이다. 확실히 애가(哀歌) 시인들에게 포도주는 서정시인이나 웅변가들의 것과는 다르다. 또 산지(産地)의 차이가 서로 다른 결과를 낳을 수도 있다. 하지만 포도주에 대한 연구는 물질적인 요소들보다는 정신적인 효과를 둘러싸고 행해져야 한다. 그래서 보들레르는 그의 시에서 포도주가 우리 내부에 일으키는 경이로운 변화에 따라 사람들을 몇몇 부류로 나누기도 했다. 포도주가 제공하는 해방감이 아편이나 해시시에 의한 것보다는 급이 낮다는 사실을 감추지는 않으면서도 보들레르는 『악의 꽃』 중

「포도주의 영혼」에서, 인간이라는 이 '애련한 불운아'에게 디오니소스가 가져다주는 기쁨을, 그 앓고 있는 존재에게 삶의 진홍빛을 되돌려주는 그 기쁨을 예찬해 마지않는다. 그의 시 「넝마주이의 포도주」에서 포도주는 곧 지치고 헐벗은 사람에게는 없어선 안 될 잠의 신 히프노스이다. 「살인자의 포도주」에서 포도주는, 무리들을 주어 버림으로써 복수와 해방을 이루었다고 믿는 술 취한 아킬레우스이다. 또 「고독한 자의 포도주」는 인간의 마음속에 내려와 희망과 젊음, 자존심을 되돌려주는 아폴론이다. 마지막으로 「연인들의 포도주」에서는 서로 사랑하는 자들을 꿈속의 낙원으로 도피시켜 그곳에서 영원히 살게 해 주는 아프로디테이다.

그렇지만 포도주가 주는 기쁨이 대체로 매우 거칠게 나타난다는 사실은 유감스럽기 짝이 없다. 고대인들은 포도주를 그냥 마시지 않고 물이나 꿀에 타서 마셨다. 그래도 그들은 취할 수 있었다.

화가들이—가장 세련된 화가들조차도—중요한 것은

질이 아니라 양이라는 듯 형편없는 싸구려 포도주로 얼근히 취하곤 한다는 사실 또한 매우 애석한 일이다.

포도주의 미학

　　호라티우스의 시대에서 현대에 이르기까지 시인들에게 예술과 포도주의 관계는 매우 각별하다. 서구가 아닌 다른 문명권의 경우에 대해서 우리가 썩 잘 알지는 못하지만 『천일야화』의 저자들이나 아랍의 바쿠스적 시인들은 그리스나 현대 서구의 시인들과 크게 다르지 않은 것 같다. 그들에게서는 이 '시적인 취기'가 조금 다른 방식으로 나타날 뿐이다. 포도주를 노래한 하피즈나 사아디 같은 페르시아 시인들의 취기는 붉게 피어오른다. 유럽에서 오마르 하이얌이 성공을 거두었던 것은 피츠제럴드가 그것을 매우 간략하고도 거칠게 번역했기 때문이다.
　　포도주를 마시기 위한 장소랄까 환경, 분위기도 매우

다양하게 바뀔 수 있다. 고대나 르네상스 시대의 시인들이 포도주를 맘껏 즐기고 또 작품의 영감을 얻은 것은 실외의 충만한 대자연 속에서였다. 아랍과 페르시아의 시인들은 선술집에서뿐만 아니라 궁정에서도 춤과 음악을 곁들여 마셨다. 중국 시인들은 좀 더 고독하고 우수에 젖은 듯한 정조를 띤다. 그들은 흐릿한 달빛 아래, 호숫가나 쪽배에서 혹은 정원 한가운데의 정자에서 마셨으며, 취하면 취할수록 일종의 몽환 속에서 주위 사물들의 고요한 아름다움과 더 잘 교감할 수 있었다. 흰 벽에 비친 달그림자를 이용해 자신의 환상을 그려 낸 화가들도 취하기는 마찬가지였을 것이다.

 하지만 먹을 뿌려서 구름을 그리고 입으로 물을 뿜어서 안개를 표현하는가 하면, 벼루에 흠뻑 담근 머리카락을 명주로 된 화폭에 부벼 대고 모자로 온통 문질러 댐으로써 호수와 나무와 산을 나타내는 등, 찢고 더럽히기를 마다하지 않은 저 선(禪)의 대가들도 잊을 수 없다. 이미 9세기에서 13세기 사이에 이러한 기법들을 사용한 이 예술가들은 가히 '전위 회화'의 선구자들이라 할 만하다.

어느 시대에선가 중국 문인들은 '대나무 숲'이라는 반쯤은 바쿠스적이고 반쯤은 전원적인 모임을 만들어 거기에서 그들의 가장 뛰어난 시들을 짓곤 했는데, 이는 파리의 한 선술집에서 부알로와 라신과 라퐁텐이 가졌던 모임을 떠올리게 한다.(그 덕에 그 술집이 유명해졌음은 물론이다.)

포도주의 신비학

시적인 의미 다음으로 포도주가 인간의 정신에 발하는 매력이 있다면 그것은 분명 포도주의 신비적인 혹은 상징적인 의미일 것이다.

아가프[3]가 구약 시대의 기름 붓기 의식의 뒤를 이었으며 그 아가프를 (포도주가 있는) 성찬식이 완성했다. 오래전에 벌써 노아가 포도로 인간을 새롭게 했으며 이 세상에 잃어버렸던 젊음을 되돌려주었다. 그리고 예수는 자신을 제

---

3 초기 기독교의 회식.

물로 바침으로써 인간에게 새 생명을 주었다. 그의 피가 마치 포도 압착기에서처럼 신비의 압착기에서 흘러나왔던 것이다. 케레스와 디오니소스 숭배에 관련된 고대 신비학 외에 히브리의 전통 또한 포도주의 상징을 사용한다. 유태인들이 구약 성서를 신비주의적으로 해석하는 바에 따르면 「아가」에서는 신은 남편이고 이스라엘 민족은 아내이며 포도주가 '법'이다. 또 탈무드에 의하면 포도주와 비의(秘儀)는 동일한 서열에 놓인다. 히브리 경전에 의하면 부활한 의인들이 향연에서 마실 포도주는 천지 창조 때부터 보존되어 온 것이며 또한 그것은 마침내 밝혀진 비밀들을 형상화하고 있다. 기독교 쪽에서는 '성배(聖杯) 찾기'가 이와 유사한 상징들을 내포하고 있다. 거의 모든 곳에서 포도주에 대한 사랑은 인간에 대한 신의 사랑 그리고 신에 대한 인간의 사랑을 의미한다. 그 사랑은 인식과 불가분의 관계에 있으며, 인식이 완전해질수록 사랑도 한층 위대해진다. 빛이 태양에서 오는 것처럼 사랑은 참된 앎에서 온다. 그 앎은 사랑하는 자를 사랑받는 자로 나아가 사랑 그 자체로 변화시킨다. 이슬람 세계에서 포도주는 반쯤 금기의 대상이다. 그것이 세속적인 쾌락을, 아니면 신의 은총을 표상하기 때문이다. 이러한 모호함은 소중한 것이다. 그것에 힘입어 사람들은 이쪽을 누리거나 아니면 저쪽을 누릴 수 있기 때문이다. 그렇지만 '아니면'이 반드시 '동시에'는 아니다.

동양의 신비학에, 간단히 말해서 신비학에 대해 기초가 전혀 없는 사람에게는 포도주 예찬을 주제로 삼는 시보다 더 이해하기 어려운 것은 없다. 물론 그가 알 수 있는 것도 있기는 하다. 가령 수피교도들에게서 포도주는 신성한 지식을 나타내며 술잔은 이러한 지식을 담는 그릇이라든지, 포도주를 따르는 자는 환희를 따르는 자이며 선술집은 전 세계의 수피교도들이 모이는 장소라는 사실, 그리고 잔 속에서 포도주 위로 이는 거품은 곧 세상에 실재하는 온갖 존재들이라는 것 등이 그러하다. 하지만 그는 물질로서의 포도주가 정신으로서의 포도주에 어느 정도까지 자리를 남겨 줄 수 있는지는 이해할 수 없을 것이다. 물질은 정신을 얻기 위해 필요한 보조자인가 혹은 하나의 상징일 뿐인가?

'포도주'라는 말을 어떤 의미로 받아들여야 하는가? 그 말은 서로 양립할 수 없는 여러 가지 의미를 동시에 갖는 것은 아닌가?

어쨌든 포도주가 불러일으킨 신비 문학은 지금껏 존재한 가장 아름다운 문학에 속한다는 사실에는 변함이 없다. 그 의미야 무엇이든 너무나도 잘 알려진 기막힌 사행시4를 쓴 오마르 하이얌을 여기에서 다시 인용할 필요는 없을 것이다.

그보다는 한 편의 시 전체를 온전히 '포도주 예찬'에 바친 이븐 알파리드에 대해 말하자. 가히 '영혼의 콘서트'의 경지에 들어가는 그 찬가에서 우리는 포도주의 신비한 본질을 분명히 들을 수 있다. 그 신비가 시간을 벗어나 있기 때문이다.

사랑하는 님을 추억하며 우리는 마셨다네,
포도나무가 창조되기 전부터 우리를 취하게 한 포도주를……

4 덧붙이자면, 니콜라가 처음으로 시도한 신비주의적 해석은 저 유명한 피츠제럴드의 회의주의적이고 바쿠스적인 번역과는 대립하는 것이다. (원주)

우리 정신은 포도주요 우리 육체는 포도나무라네…….
시간이 존재하기 전에 그것은 이미 술통 속에 있었다네.

이쯤 되면 포도주는 우리가 선악의 범주로 판단할 수 없는 어떤 취기를 선사한다.

너는 술 마시는 죄를 범하였구나, 하고 그들은 말하지만 결단코 아니로다, 나는 참으면 죄가 되는 것밖에는 마신 적이 없노라

취하지 않고 산 자, 세상을 산 게 아니로다

기독교 신비주의5에서 나온 가장 빼어난 포도주 예찬은 성 요한(Saint Jean de la Croix)이 쓴 「영혼의 노래」 중 16절, 25절, 그리고 26절에 나오는 것이다. 이 「영혼의 노래」는 그보다 앞서 나온 「어두운 밤의 노래」나 그 뒤에 나온 「뜨거운 사랑의 불꽃」만큼 자주 인용되지는 않는데 아마도 이

---

5 복음서와 그 신학에 의한 포도주의 정당화 문제는 그 방면에 일가견이 있는 모리스 를롱이 잘 정리해 놓았다. (원주)

둘 사이에 끼어 있어서 그런 것 같다. 어쨌든 이 송가는, 아직 조명받지는 못했지만, 정염(情炎)이 순화된 뒤에 얻어진 합일을 노래하고 있다. 이 시의 장점은 시인 자신의 주석을 곁들이고 있다는 점이다. 예를 들어 다음과 같은 구절을 읽어 보자.

> 우리의 포도나무가 꽃을 피웠으니
> 여우를 쫓아 버려라

여기에서 저자는 우리에게, 포도나무는 그리스도가 우리 영혼에 심어 준 미덕을 상징한다는 것을 말해 주고 있다. 또 그 미덕은 우리 영혼이 신랑―그리스도를 나타냄―과 결합할 때 꽃피며, 여우는 잠든 척하고 있는 관능적 욕구를 의미한다는 사실 또한 드러난다.

> 반짝이는 불씨에 흥분하고
> 신성한 향내를 퍼뜨리는

> 향기로운 포도주에 취해서
> 젊은이들 서둘러 길 떠나네

작은 불씨에 의해 촉발된 사랑의 불길이 지나간 후 영혼은 훨씬 더 오래 지속되는 두 번째 은총을 입는다. 찌꺼기가 가라앉고 난 후 그 향기 덕분에 잘 갈무리된 오래된 포도주가 가져다주는 이 두 번째 은총에 힙입어 영혼은 더욱 힘을 얻는 듯하다.

여전히 같은 송가에 나오는 아래 구절은 또 어떤가.

> 나는 내 주님의 지하 저장고에서 마셨다네
> 그리고 거기서 나와
> 드넓은 평원으로 나아갔을 때
> 나는 더 이상 아무것도 알 수 없었다네
> 내가 전에 따라가던 무리를 나는 잃어버리고 말았네.

가장 깊숙이 감추어진 지하 저장고에서 영혼은, 육체

의 모든 신경을 파고드는 포도주 덕분에 완전한 합일을 이루어 낸다. 이러한 합일은 수정과 그것이 발하는 눈부신 빛의 하나 됨 혹은 숯과 그 불꽃의 결합과 유사한 것이다. 그리고 인간적 지식의 그 모든 축적들에도 불구하고 영혼은 자기가 얻은 초자연적인 앎에 힘입어 모든 것을 잊을 수 있게 된다.

극시(劇詩)로 되어 있는 「아가」도 이와 비슷한 의미로 해석될 수 있을 것이다. 그러나 스스로 자기이면서 동시에 남이었던 성 테레사 수녀와 같은 사람이 드문 것처럼 자신이 겪은 모든 단계들을 설명해 낼 수 있는 신비주의자는 매우 드물다.

힌두교 문학에서 우리는 상징적 의미들을 추구하게 된다. 왜냐하면 우리가 잘 알고 있듯 서정시들, 특히 대화체로 된 목가들에는 이중적인 의미가 들어 있기 때문이다. 가령 지타라는 목동과 고빈다라는 시인의 대화로 이루어진 노래에서 저자인 자야데바는 성과 속을 절묘하게 섞어 놓았다. "친구여, 네 얼굴의 백련주를 나에게 주어 마시게 하라!"

이러한 메타포들을 해석하고 주석 다는 일에 매달릴 필요는 없을 것 같다. 그것들이 종교적 정신의 독점물도 아니며 또한 다음의 예에서 보듯 포도주가 어떤 철학 체계를 장식하는 데 일조할 수도 있기 때문이다. 괴테에게 보낸 1821년 8월 2일자 편지에서 헤겔은 그에게서 받은 한 잔의 포도주에 대해 감사를 표하면서 자연에서 정신의 존재를 증명하는 데 포도주가 큰 도움이 되었다고 적고 있다. 그리고 이미 고대인들이 바쿠스라는 인물 속에서 신비적 존재로서의 디오니소스를 알아보고 숭배했다고 말한다. 또 덧붙이기를, '세상이라는 신비한 술잔'이라는 크로이처의 신화적 상징 이론에 기대지 않더라도 괴테가 준 포도주를 마시는 것만으로도 얼마든지 자기는 생명을 길어 낼 수 있으며 나아가 안과 밖의 상호 전환 그리고 현상 속의 사유와 사유 속의 현상의 상호 전환에 대한 믿음을 얻을 수 있다는 것이다.

포도주

○

　이 세상의 내재성을 상징하든 아니면 저 높은 곳의 초월성을 지시하든, 포도주는 어쨌거나 승화(즉 마셔 버리기!)—이것은 떨치기 힘든 유혹이다—의 대상이다. 우리가 승화라는 말을 이처럼 한번 모호하게 써 보면 현실과 이상이 다정하게 섞일 수도 있으리라. 이 혼동으로부터 출발하여 혼융에 이를 수 있는 자 행복하여라!

담배					Le Tabac

음주가 포도주를 매개로, 여행이 처음 가 보는 낯선 지방을 대상으로 삼는 것과 마찬가지로 흡연은, 담배를 수단으로 하여 전개되는 의도적인 행위 양식이다.

프시케라는 이름의 인간의 심층 심리는 오늘날, 의미 없는 찌꺼기로 간주되어 오다가 근본적인 요소들로 당당히 떠오른 생활의 디테일들—물론 이러한 가치 부여가 사실은 터무니없는 도식화에 불과한 경우도 없지 않지만—에 관심과 주의를 기울인 덕택에, 베일에 싸였던 모습이 드러났다. 하지만 다른 영역에서와 마찬가지로 여기서도 한 극단에서 또 다른 극단으로 건너뜀으로써만 진보가 가능해진다. 인간의 정신은, 파스칼이 희망한 대로 '모든 중간부'를 끌어안기에는 역부족이기 때문이다.

그러나 흡연의 경우는 좀 특수하다. 널리 퍼지고 보편화되면 될수록 그것은 풍속으로 더욱 스며들며 성찰의 대상에서 점점 벗어나기 때문이다. 담배를 피운다는 행위는 굳이 연구까지 할 만큼 중요한 것은 못 되는 듯하다. 그러나 과연······.

○

　　커피나 기나피처럼 담배도 한때 사람들이 의학적인 목적으로 흡용했다가 이내 그만둔 적이 있었다.

　　물론 현대 의학은 그 반대의 길로 나아가고 있다. 우리가 이 논쟁에 끼어들어 결론을 내야 할 필요까지는 없다. 단지 옛사람들이 흡연을 하게 된 동기들 중의 하나를 지적하는 것으로 만족하자.

○

　　사람들은 즐거워지기 위해 담배를 피우는 걸까? 모든 애연가들은 당연히 그렇다고 말할 것이다. 그들은 담배를 피움으로 해서 가볍게 둥실 떠오르는 상상력을 근거로 든다. 이 유쾌하고 말도 많은 물건은 육체의 질곡으로부터 정신을 해방시키며 어느 정도는 아편과도 같은 효과를 낸다는 것이다. 즉 정신을 가로지르는 생각들을 훨씬 더 유연하고 다양하게 만들어 한마디로 꿈결 같은 분위기를 자아낸다. 그러나 이 꿈은 아편과는 달리 행동을 배제하지 않는다.(이렇게 되면 행동은 이제 '꿈의 누이'가 되는 셈이다.) 게다가 유럽의 활동적인 인물들 중에는 애연가가 많았다. 이것이 흡연가들이 내세우는 두 번째 이유이다. 즉 담배는 그들의 정신을 달래어 안정시켜 줄 뿐 아니라 정신을 맑게 해 주기도 한다는 것이다. 그래서 그들은 다른 사람들보다 더 멀리 볼 수 있고 나아가 더 효과적으로 행동할 수 있게끔 사물을 바라보게 된다는 것이다.

나폴레옹 1세가 오스테를리츠를 점령한 것은 그가 코담배를 즐겼기 때문이며, 나폴레옹 3세가 니스와 사부아를 프랑스에 합병시킬 수 있었던 것도 그가 담배를 피웠기 때문인가? 그리고 넬슨이 트라팔가르 해전에서 승리한 것도 수부들처럼 담배를 씹어 댄 덕택인가? 이 질문들에 답변하는 것은 쉽지 않다. 이 활동가들은 동시에 대단한 몽상가이기도 했다.(세인트헬레나섬에서 나폴레옹은 "아 소설 같은 내 인생이여!"라고 내뱉었다.) 피어오르는 담배 연기가 그들로

하여금 가까운 주위는 보지 못하게 하고 너무 먼 곳만 바라보게 했을지도 모른다.

담배를 피우는 세 번째 이유가 내게는 가장 중요해 보인다. 심심풀이 혹은 기분 전환이 그것이다. 사람들은 사건을 정면에서 맞닥뜨리지 않기 위해 담배를 피운다. 즉 과거나 미래로 잠시 피해 버리는 것이다. 과거에 젖은 향수병자들이나 미래에 사로잡힌 야망가들은 현재가 아닌 다른 곳으로 도피하려 한다. 파스칼의 사냥과 같은 도피는 누구나 다 손 닿을 수 있는 곳에 놓여 있다. 그것은 부정적이지만 없어서는 안 되는 것이다. 왜냐하면 그러한 도피는 불가항력적인 것들을 생각하지 않을 수 있게 해 주기 때문이다. 어떠한 일이 있어도 상실해서는 안 될 인간의 기능이 있다면 그것은 바로 망각이다.

피에르 루이스가 인류사에서 근대가 획득한 담배라는 수확물을 찬양해 마지않은 것은 그래서 정당하다. 고대인들이 알지 못했던 유일한 즐거움이 담배라고 그는 쓰고 있다. 그 즐거움이 상상에서 비롯되는 것이라 해도 무슨 대수

랴, 그것은 다른 모든 즐거움들을 밀쳐 내 버린 즐거움이 아닌가.1

그러므로 담배에는 불가피한 측면이 있다. 담배를 피우는 것은 하나의 욕구이다. 모든 욕구가 갖고 있는 이율배반적인 성격을 담배도 드러낸다. 즉 쾌락을 낳으면서 동시에 고통을 수반하는 것이다. 이 고통은, 순전히 부정직인 것으로 변해 가는 쾌락을 능가하기에 이르며, 생활 속에서 얻게 되는 다른 많은 것들처럼 흡연 역시 하나의 속박이 되어 버린다. 그러나 이러한 흡연은 그것을 유지하고 강화하는 데 기여하는 사회적인 측면을 포함한다.

○

실제로 담배를 피우게 되기까지는 사회생활이 사실상 매우 중요한 역할을 한다. 우선 흡연을 배우는 것은 청소년에게, 때로는 어린아이에게, 그 남성적인 통과 의례의 특성으로 인해 거의 의무적인 것으로 여겨지는 어떤 고통스런

1 『신비한 섬』에서 신비한 섬에 오랫동안 체류한 선원 펜크로프트의 마음을 가장 기쁘게 해 주었던 것이 무엇이었던가? 그것은 거기에서 담배를 재배할 수 있다는 사실을 그가 알게 된 것이다.(원주)

노력을 강요한다. 민속학자들은 그들이 연구한 민족들에게 이 의식이 갖는 중요성에 대해, 그리고 그 의식이 요구하는 희생과 그것이 부여하는 특권에 대해 이야기한다. 좀 더 나이가 들어서는 흡연은 성장을 위한 제의가 아니라 관습을 위한 제의가 된다. 18세기 사회에서는 담뱃갑이 매우 중요한 역할을 하게 되는데, 담뱃갑은 영주들이 자기 친구들에게 선사하는 패물이기도 했으며 거기에 자기가 좋아하는 미인의 초상화를 그려 넣어서 친분 관계의 징표로 삼기도 했다.

　　흡연은 사교성을 증대시킨다. 몰리에르의 『동 쥐앙』 1장에서 스가나렐이 그것을 찬양하는 것을 들어 보자.

스가나렐　　(담뱃갑을 집으면서) 아리스토텔레스와 다른 모든 철학자들이 뭐라든 간에 담배에 버금가는 게 없는걸요. 그것은 정직한 사람들의 열정이거든요. 담배 없이 사는 사람은 세상을 살 자격이 없는 게지요. 담배는 인간의 정신을 즐겁게 하는 동시에 깨끗하게 해 줄 뿐만 아니라 영혼을 덕으로 인도한답니다. 담배와 더불어 정직해지는 법을 배우는 거죠. 사람들이 담배를 입에 물자마자 모두에게 정중하게 대하며 어느 장소에서건 좌로나 우로나 담배를 권하면서 흐뭇해 하는 걸 당신도 본 적이 있지 않습니까? 다른 사람이 한 대 달라고 하기도 전에 미리 알아서 하잖아요? 그만큼 담배라는 건 그걸 피우는 모든 사람들에게 명예와 미덕의 감정을 불러일으키는 법이지요.

세상 밖으로의 탈출을 목적으로 하는 다른 환각제들의 경우와 달리 흡연은 고독한 행위는 아니었다. 이 점에서 볼 때 담배가 잘 어울렸던 문명은, '이 땅에서' 실천해야 할 선행에 정진할 때에야 내세의 행복이 보장된다고 가르치는 종교를 갖는 문명이었다.

담배는 술과 같은 흥분제와도 잘 어울릴 수 있었으며 또 담배와 술은 '흡연실'의 예술가들, 즉 테니르스라든지 판 오스타더 혹은 아드리안 브라우에르 같은 네덜란드 화가들이 표현해 냈던 혼합물을 이루기도 했다. 야외의 장터가 외향적인 분위기였다면 흡연실의 분위기는 대중적이긴 했지만 한편으로는 매우 내밀한 성격을 띠기도 했다. 여기에는 확산이 있고 저기에는 집중이 있으니 어느 곳이건 살아가는 재미는 마찬가지였으리라.

19세기의 부르주아들은 남자들만을 위한 공간인 당구대 옆의 흡연실을 자랑스럽게 생각했다. 이러한 남성적인 친밀감은 미르보에 의해서 강조되었는데, 그는 네덜란드의 한 클럽에 모인 흡연자들이 말없이 소파에 파묻혀 자기들의 입술에서 새어 나와 천장에서 부서지는 동그라미들을 바라보면서 심연 속에 빠져드는 장면을 묘사했다. 그렇지만 미르보는 이들 모임의 희화적인 측면만을 강조했고 그것이 갖는 장엄하고도 거의 신성한 그 무엇을 보지는 못했다.

그 사회적인 성화(聖化)의 측면은 오히려, 어린이들을

그토록 꿈에 부풀게 했던 화해의 담뱃대 예식을 묘사한 마인-라이트와 페니모어 쿠퍼에 의해 조명되었다.

여기에서 우리는 담배 예찬론에 이르게 된다.

모든 신성한 것에는 근본적으로 양면성이 있는 만큼 담배 또한 어김없이, 단죄라는 역설적인 축성(祝聖)의 과정을 거쳤다. 영국 왕 제임스 1세, 페르시아의 압바스 1세, 러시아의 차르 미하일 표도르비치, 터키의 무라트 4세와 영국의 엘리자베스 여왕, 교황 우르바누스 8세 등이 담배를 피우면 극형에 처한다면서 그것을 금지해 왔다는 사실을 야사(野史) 애호가들은 잘 알고 있다. 구실은 여러 가지였지만 그 판결은 한결같았다.

○

지금까지 우리는 담배의 주변을 맴돌다가 그것이 갖는 사회적인 그리고 성스러운 측면을 얘기하면서 비로소 담배의 본질에 가까이 왔다. 이제 우리는 담배를 피운다는 것이 도대체 무엇인가를, 사르트르가 『존재와 무』에서 그렇게 한 것처럼 자문해 봄으로써 그 본질에 도달하는 것이다. 그에 의하면 흡연은 "파괴적인 소유 행위"이다. 내가 담배를 피움으로써 세계가 내 속으로 흡입되며 그럴 때 나는 세상을 단지 보고 듣고 만지는 것에 그치지 않고 그것을 소유하게 된다. 나를 둘러싸고 있으나 결코 내 것이 아닌 이 견고한 세계를 담배를 태움으로써 내 것으로 전환시킨다. 왜냐하면 내가 그 견고한 세계를 연기로 변화시키기 때문이다…….

 "무언가를 소유한다는 것은 곧 그 사물을 통해 세상을 소유하고 싶어 하는 것이다." 내가 바라보고 있는 풍경은, 내가 그것을 나의 어떤 내밀한 행위와 관계 지을 때 비로소 내 것으로 삼을 수 있는데, 가령 담배를 태워 희생 제물로 바치는 것은 그러한 소유의 상징인 것이다. 이러한 것은 풍경에만 국한되지 않고 나를 둘러싸고 있는 모든 것, 내가 행하는 모든 것에도 해당된다. 내가 산책하면서, 혹은 무얼 먹으면서, 아니면 말할 때나 책을 읽을 때 담배를 태우게 되는 것도 바로 이 때문이다. 그렇게 하지 않으면 산책이나 식사가 온전히 나의 것이 되지 못할 것이다……. 말하자면 결국 나는 온 세상을 태워 파괴함으로써 그것을 내 속에 흡입하려는 것이며 또 내 소유로 삼으려 하는 것이다.

우리를 문제의 핵심으로 들어설 수 있게 해 주는 이러한 분석은 사실 일상의 다른 모든 행위들에도 들이맞는 것이 아닐까? 내가 성 마가 성당의 사진을 찍는다면 그것은 내가 그 성당을 내 소유로 삼고 또 그걸 통해 세계를 소유하기 위해서가 아닐까? 그 사진을 아마도 나는 시를 쓰거나 혹은 무슨 조형물을 구성하는 데 이용할지도 모른다. 그렇게 되면 나는 하나의 건설적인—파괴적이 아니라—소유 행위를 한 것이라고 말할 수도 있으리라.

이렇게 볼 때 담배를 피우는 것은, 다른 행위들도 마찬가지겠지만, 그것에 부여되는 의미에 의해서만 이해될 수 있다. 담배에 대한 기호 자체가 무슨 의미를 갖는 것은 아니다.

담배는…… 하나의 매개이다.2

---

2 이와 마찬가지로 점쟁이들 역시 유리구슬이나 넝마 조각 혹은 손금이나 필체 등을 그 자체가 중요해서가 아니라 단지 영매(靈媒)의 수단으로서 이용한다.(원주)

○

이 모든 것은 흡연 그 자체에는 그 어떤 본질적인 것도 없다는 사실을 다시 확인시켜 준다. 그것은 어떤 식으로든 충족될 수 있는 하나의 욕구에 부응한다. 그것은 겉보기에는 쾌락이나 필연인 듯 보이지만 사실 그 어느 것도 아니다.

발자크를 따라 "담배는 육체를 파괴하고 지성을 공격하고 나라를 좀먹는 것"이라고 생각한다거나 리슐리외에 의해 부과되기 시작한 담뱃세가 곧 인상될 거라고(아닌 게 아니라 그 거물 정치인의 시대 이래로 담뱃세는 계속 인상되어 왔다.) 스스로에게 다그쳐 봐야 흡연의 습관을 떨쳐 버리는 데에는 아무 도움이 안 된다. 의사들이 경종을 울리고 경제학자들이 금전적인 손익 계산서를 작성해 들이민다 해도 그 어떤 것도 담배를 끊게 하지 못한다. 구토증, 현기증, 질병의 위협, 가격 인상 등 이 모든 것이 다 소용없다. 담배를 끊기 위해 정말 필요한 것은, 사르트르가 썼듯이 담배와 세상을 굳게 결합하고 있는 그 상징의 끈을 잘라 버리는 일이다. 즉 그 단단한 결정체(結晶體)를 해체하지 않으면 안 된다. "내가 연극이나 어떤 풍경 혹은 한 권의 책 따위를 파이프를 물지 않은 채 바라본다 하더라도 그것들로부터 하나도 잃을 게 없다고 확신하게 되었다. 즉, 나는 담배라는 희생 제식이 아닌 다른 방식으로 그러한 사물들을 소유하기로 했다."

이것은 말을 바꾸면 '담배를 담배 그 자체, 즉 타고 있는 풀 그 이상도 이하도 아닌 것으로 축소시키는' 것이다.

이렇게 하는 것은 탈신성화가 아닐까? 혹은 세속화라고까지 말할 수도 있을 것이다. 그 순간부터 담배는 일과 휴식에 그리고 사회생활에 없어서는 안 될 것이기를 그친다. 이제 그것은 특권을 빼앗긴 채 다른 모든 것들과 똑같은 속성을 갖는 하나의 식물에 지나지 않는다.

○

담배가 독점해 왔다고 자부하는 그 역할이 다른 것으

로 대체될 수도 있는데, 다른 것으로 대체되는 만큼 파괴된다는 속담도 있듯이 그것은 담배로서는 가장 치명적인 재앙이다. 터키의 지배하에 있던 근동 지방에서 염주가 담배나 수연통을 대신하는 것을 볼 수 있다. 그리스 상인들은 장사가 한가해지거나 카페에 앉아 있을 때 진주모, 백단, 회양목, 상아, 호박 등으로 만들어진 염주를 굴리는데, 신에게 경배하기 위해서라기보다는 단순히 시간을 보내기 위해 그렇게 한다. 큰 염주들은 사람들이 알고 있는 신의 아흔아홉 가지 속성에 맞추어 아흔아홉 개의 낱알로 되어 있는데 그 백번째 속성은 인간이 모르는 것이다. 이 뚜렷한 경계선에서 계시가 끝나고 비의(秘儀)가 시작된다. 작은 염주들은 서른세 개의 낱알로 되어 있어 손에 쥐거나 가지고 다니기에 훨씬 편하다. 그리고 그 낱알들을 세 번 돌리면서 '낭송'하면 충분하다. 그러나 우리의 시각에서 본다면 굳이 그렇게 낭송하고 말고 할 필요가 없을 것이다. 염주는 그저 손을 심심하지 않게 해 주고 또 정신을 쉽게 세계에 동화시킴으로써 그 둘 사이의 매개 역할을 하는 것으로 충분하기 때문이다. 내 발걸음이 나를 어디로 이끌건 그 고정되어 있으면서도 동시에 움직이는, 말하자면 하나의 중심점을 나는 늘 지니고 다니는 셈이다. 근원에 있어서는 유일한, 그러나 자신의 법칙 아래 거느리는 사물들의 수에 있어서는 무한한 그 사랑, 그 독립 변수, 그 중심점을 기원으로 하여 삼라만상이 배열되는 것이다.

○

물론, 인간의 본성에 어떤 신성함이 깃들어 있는 만큼, 인간 본성을 목적을 대신하는 수단 같은 것으로 이해하지 않아도 된다면, 그래서 그 수단들 가운데 그리 해롭지 않은 것 하나를 굳이 택하지 않아도 된다면 참 다행스런 일이리라. 그러나 어쩌랴! 우리의 힘이란 고작 우리의 약점들을 그러모아 어떻게든 활용해 보는 것일 테고 우리 능력이란 게 기껏해야 우리의 수단들을 저울질하는 정도인 것이다. 우리들 중에서 불멸의 존재에 근접한다고 자부했던 사람들조차도 아주 조금씩 혹은 가끔씩만, 그리고 중재자에 기대어서만 그렇게 할 수 있었을 뿐이다.

Le Secret					비밀

따로 떨어져 있는 것, 즉 배제당했거나 혹은 선택받은 것은 무릇 비밀스럽다. 미사를 드릴 때 하는 이른바 '비밀의' 기도는 축복하려고 옆에 따로 놓아둔 대상을 위한 기도를 말한다. 무언가를 따로 떼어 놓거나 분리한다고 해서 반드시 그걸 더 좋아한다는 것은 아니다. 누군가 '격리되어' 있다고 할 때 그건 좋은 의미가 아닐 것이다. 어떤 사람을 따로 불러낸다는 것은 그에게 갖고 있는 비밀을 털어놓으라는 의미가 된다. 이때에도 중요하게 여겨지는 것은 그 사람이 아니라 그가 간직하고 있던 비밀이다. 이렇게 해서 분리의 개념은 곧바로 우열의 개념으로 옮겨 가게 된다. 이것은 마치 고대 인도에서 사람들을 피부색에 따라 분리하기 시작해 결국 하나의 계급 제도를 만들어 낸다. 사람들의 융화를 가로막은 채 그들 혈통의 순수성을 강요한 이 독선적인 위계 질서에서 비롯되는 것이 바로 카스트 제도—그 어원은 순수를 의미하는 포르투갈어 '카스타'이다—이다. 분리될 수 있는 것들이 한데 모여 있을 때 사람들은 거기에 등급을 매기게 된다. 그러다가 어느 날 그 등급이 더 이상

견딜 수 없는 것이 되면 융합을 꾀하는 것이다. 그때 비로소 우리들은 비밀의 폐기를 향해 나아간다.

비밀의 유형들

그렇지만 가장 평등한 사회에조차 몇몇 종류의 비밀, 즉 외교상의 비밀과 군사 비밀이 존재하며 간첩들은 이것들을 캐내려 혈안이 되어 있다. 공개 석상에서 이루어지는 국가 지도자들 간의 대화에서도 외교적인 비밀들은 실은 더욱 감추어질 뿐이다. 즉, 드러내 놓고 하는 말들은 말해서는 안 될 것들을 더 어두운 그림자 아래에 숨기는 데 이용되며 선언이 명백할수록 그 의도들은 그만큼 감추어진다.

이러한 비밀들 중에서도 다른 것보다 더 중요한 비밀이 있을 수 있을까? 물론 그렇다. 누설하지 않겠다고 약속한 비밀, 누설되면 그것을 고백한 사람에게 피해를 주는 비밀은 다른 것들보다 분명코 더 중요하다. 또 많은 사람의 운명이 걸려 있는 비밀은 한 사람의 운명만을 위태롭게 하는 것들보다 더욱 중요할 것이다. 하지만 반드시 그렇지도 않다. 흔히 국가 기밀을 들먹이면서, 아무런 증거도 제시하지 않은 채 혹은 날조된 서류만을 가지고 한 개인을 단죄하려는 재판들을 보라. 또 정도는 좀 덜한 경우이지만, 자기네 마음대로 사람을 충원하기 위해 빈자리가 있다는 사실을 숨기는 관청의 비밀도 마찬가지일 것이다.

어떤 두 사람을 하나로 묶고 있는 비밀의 경우, 남들이 보기에는 그렇지 않을 것 같지만 그것의 기능은 둘의 관계에서 자못 본질적일 수 있다. 남녀 간의 은밀한 관계가 그럴진대 설사 떳떳치 못하다 할지라도 그것이 세상에 드러나면 그 관계는 그것만의 고유한 특성을 상실하게 된다. 끝까지 지켜지지 못할 비밀이라 하더라도 상관없다. 어쨌거나 우선은 비밀스러운 관계로 시작하고 봐야 한다. 그러지 않으면 그 관계는 아무런 의미를 갖지 못한다. 약혼이라는 것도 결국은, 결실을 맺어야 하겠지만 반쯤 감춰져 있으면 맺어지지 못할지도 모를 두 사람 간의 약속을 세상에 공개

하기로 결정하는 하나의 타협이다. 시간이 그 약속을 더욱 굳혀 나가는 요소로 작용하기도 하지만 때로 그것을 파기하는 요소로 작용할 수도 있기 때문이다. 이러한 점은 맹세의 경우도—처음엔 비밀스러웠다가 나중에 공개되는 것이건 끝까지 비밀로 남아 있는 것이건—마찬가지이다.

두 사람이 서로 지키기로 약속한 비밀은 한편으로 큰 부담이긴 하지만 동시에 커다란 즐거움이 되기도 한다. 세상 어느 누구도 당신들 둘의 관계를 모르고—물론 그게 당신들의 착각일 수도 있지만—많은 사람들 속에 섞여 있으면서도 단둘이 있다고 느끼는 것, 그것은 어떤 은근하고도 지속적인 만족감이다. 그렇지만 남몰래 하는 사랑의 은밀함은 그리 오래도록 지켜지지 못한다. 서로를 바라보는 시선에서 두 사람의 관계가 드러나고야 말거나 혹은 속마음을 들키지 않으려고 서로를 애써 피하려 하는 것도 기대와는 반대의 효과를 내기도 하는 것이다. 이러한 점은 고전주의 소설들, 특히 라파예트 부인의 소설들에 잘 드러나 있다.

이러한 종류의 공모의 감정은 어떤 음모를 꾸밀 때에

도 존재하는데, 나는 여기서 생레알의 『베니스 공국에 대한 스페인 사람들의 음모의 역사』를 떠올리지 않을 수 없다. 하나의 음모를 구성하는 여러 톱니바퀴들이 이 책에서만큼이나 잘 분해되어 드러난 예가 없으며, 가담자들이 서로에 대해 어떤 감정을 품고 있었는지를 이 책보다 더 생생한 조명 아래 밝혀낸 것도 없다. 가령 비밀을 사수해야 할 절대적 필요성이 암호를 전달하지 않으면 안 될 필요에 의해 흔들린다. 도대체 누구를 믿을 것인가? 그리고 무슨 재간으로 적은 모르게 우리 편에만 기밀 사항을 알릴 것인가? 지금이 내 정체를 밝혀야 할 때인가 아닌가? 지금 당장 대답하지 않으면 안 될 질문들이 수도 없이 제기된다.

증식과 지배

    온갖 종류의 셀 수 없이 많은 이 모든 비밀들은 갖가지 서로 다른 사연들과 정황에서 생겨났을 테고 또 감추어야 할 상대방들도 각각 다르겠지만 그러나 그것들 중 어느 하나도 결코 결정적이거나 절대적인 비밀은 아니다. 그것들은 다만 잠정적이고 부분적일 따름이다. 그것들은 매우 다양한 목적들을—그 목적이란 것이 단지 공적인 삶으로부터 멀리 떨어져 나옴으로써 개인적인 삶을 고양하는 것일 때도 있지만—추구하는 데 봉사한다. 예술가나 에언지 혹은 성자 들은 그들 삶에 있어서 그들만의 어떤 비밀스런 부분을 간직함으로써 작품이나 업적들을 보호하고 성숙시키거나 신앙심을 추스를 수 있다. 그런가 하면 단순한 호사가는 자기 삶의 몇몇 부분들을 감추려고 그 사이에 칸막이를 친다. 그래서 자기가 잘 아는 사람들이 그들끼리 서로 알게 되는 일이 없도록 애쓰기도 하는데, 말하자면 하나의 삶이 아니라 여러 겹의 삶1을 영위하려 드는 셈이다. 삶의 이러한 증식 혹은 분열을 위해서는 비밀이 여럿으로 늘어나야만 하며 또 분산되지 않으면 안 된다. 그런데 이처럼 비밀을 증식, 분산시키는 것은 하나의 비밀스런 삶, 즉 이 사람에게는 이걸, 저 사람에게 저걸 따로따로 감추는 것이 아니

---

1 이러한 여러 겹의 삶에 대한 캐리커처는 마르셀 에메의 『은밀한 쇠고기』에 잘 그려져 있다. (원주)

라 세상 모두를 향해 자신을 아예 감추어 버리는 삶이 가져다주는 것만큼의 결실을 결코 가져다주지는 못한다.

　비밀은 타인들을 지속적으로 지배할 수 있게 하는데, 그것은 기존의 권력을 뒤집어엎지 않고서도 가능하다. 피타고라스학파가 저 '위대한 그리스'의 도시들을 지배할 수 있었던 것도 이렇게 해서이다. 물론 베네치아의 '10인의 평의회'도 비밀을 그 규칙으로 삼았었다. 그러나 그것은 다만 정치적인 비밀이었을 뿐이다. 그렇지만 피타고라스학파는 과학적이고 철학적이면서도 동시에 종교적인 비밀을 소유하고 있었기에 상당한 위엄을 누릴 수 있었다. 그들은 기술상의 비밀도 갖고 있었을까? 아마도 그랬을 것이다. 그렇기에 그들은 자기들의 힘을 배가할 수 있었다.

　비밀 결사 단체들이 가졌던 중요성은 그 단체가 자기네 회원들에게 부과했던 비밀에, 그리고 동시에 그 단체 자체가 보유했던 비밀에 근거한다. 프리메이슨이 프리메이슨일 수 있었던 것도 바로 이 둘의 결합 덕분이다. 그렇지 않은 비밀로는 충분하지 못하다. 가령 15세기 플랑드르의 화가 반에이크 형제의 비밀은 그들에게 어떤 지배력을 부여해 주지는 못하고 다만 독창성을 부여했을 따름이다. 물론 그 독창성만으로도 그들은 다른 예술가들보다 우위에 설 수 있었다. 그러나 모름지기 비밀이란 상대적으로 유리한 고지를 확보해 주기에 충분한, 은밀한 삶의 한 방식에 다름 아니다. 나는 네가 뭘 하는지 알지만 너는 내가 뭘 하는지 모르니까. 동화에서, 자신의 모습을 안 보이게 할 수 있는 주인공들은 다른 인물들보다 얼마나 더 우위에 있는가. 기게스의 반지2를 손에 넣은 사람이라면 할 수 없는 일이 뭐가 있겠는가.

 하지만 가장 중요한 비밀이라고 해서 반드시 제일 높은 사람이 소유하게 되어 있는 것은 아니다. 게다가, 중요한 것이란 도대체 무엇인가? 성 토마스가 말했듯이, 육체로부터 분리된 지성들인 천사들은 우주의 법칙을 통달하고 있지만 마음의 비밀들을 알지는 못한다.

2 기원전 7세기 리디아 왕이 된 기게스는 마술 반지로 자신의 모습을 감출 수 있었다.

비밀의 덧없음

　매우 뜻밖의 사실이지만 비밀은 그 본질상 잠정적이고 일시적일 수밖에 없다. 여행이나 산책 등 일상의 활동들 대부분이 이렇듯 다 덧없다. 이것들은 결국 스스로 소멸하거나 폐기되고야 마는 행위들이다. 종점을 향해 나아가는 게 여행이라지만 거기에 도달하는 순간 그것은 자신의 존재 이유를 상실하지 않는가.
　비밀은 말하자면 외적인 원인에 의해 제거될 수 있다. 사법 제도는 자발적인 방법으로가 아니면 외적인 힘에 의해서라도, 혹은 그 둘이 한데 어우러진 형태로(이때, 그 사법적 힘은 난폭함을 밖으로 드러내지 않아도 된다.) 비밀이 세상에 드러나도록 하기 위해 작동되는 장치이다. 그리고 굳이 물어볼 필요 없이 친밀한 눈짓만으로 또는 공감의 표시만으로도 비밀을 털어놓게 할 수 있다.
　또한 비밀은 초자연적 존재들이 계시해 주는 어떤 것일 수도 있다. 그 계시는 신탁(神託), 점술, 전조, 예언 들처럼 해석해 내야만 하는 간접적인 형태의 것이거나 때로는 선지자나 선택된 사람에게 내려지는 것처럼 직접적이다.

　한갓 인간들 사이에서 비밀은 결코 지켜지지 못한다. 그것을 끝까지 지키려고 아무리 애써 봐야 결국 드러나게 마련이다. 가까이서 들여다보면 애당초 사람의 비밀이란 밝혀지기 위해 만들어지는 것 같다. 우글슬쩍 털어놓는 깃이 오히려 마음을 위로해 주기도 한다. 그래서 제삼자가 부추기지 않아도 스스로 토로하는 것이다. 당신이 어떤 비밀을 가지고 있다는 것도 아름다운 일이지만 당신에게 비밀이 있다는 사실을 남이 알아주는 것은 더 소담스런 일이기 때문이다. 그렇지 않고 그게 비밀인지조차 모르는 바에야 그 비밀의 내용이 잘 지켜진들 무슨 소용이겠는가. 그리고 자기에게 비밀이 하나 있다고 말하는 것은, 흔히 그렇듯이, 그 내용을 드러내기로 마음먹는 것이나 다름없다. 그렇지만 그 비밀의 베일은, 너만 알고 있으라는 식의 공모의 분위기가 마련되어야만 벗겨진다. 그래야만 그 비밀이 저잣거리에 파다하게 퍼지는 것을 막을 수 있다. 그러나 어쩌라, 결국은 그렇게 퍼지고야 만다. 죄의 고백은 원칙적으로 은밀한 가운데서 이루어지지만 물론 공개적일 때도 있다. 이 경우, 처음에는 남몰래 애써 감추어 왔지만 더 이상 숨기고 싶지 않은 죄과가 만인 앞에 밝혀졌을 때, 비로소 그 죄인은 용서받는 것이다. 그렇지만 자기 과오의 쓰라린 기억은 쉽게 가시지 않는다. 너새니얼 호손의 『주홍 글자』에서처럼 치욕적인 기호 하나가 그 기억을 끊임없이 되살리기도 한다. 그 소설에서 간통한 여인은 자기가 범한 죄악을 사람들에게 공지하는 붉은 글자 하나를 가슴에 붙이고 다니도록 선고받았다. 그런데 이상한 것은 그 글씨를 떼어 버릴 수 있게 되었을 때에도 계속해서 그걸 붙이고 다닌다는 것이다. 게다가 색이 바래 거의 보이지 않게 된 그 글자를 다시 선명하게 수놓기까지 한다. 또 자기 딸이 그곳을 떠나 아무도 모르는 곳으로 가서 살자고 해도 거부할 따름이다. 이쯤 되면 우리는, 이렇게 하는 것이 그녀에게는 복수의 행위가 된다는 사실을 짐작할 수 있다. 그녀가 위선적인 청교도들 앞에서 그렇게 하는 것은 이교도들 앞에서 기독교인들이 치욕적인 형벌을 나타내는 십자가를 구원의 상징으로 만드는 행위와 같은 것이다. 공산주의자들의 낫과 망치 역시 마찬가지다……. 수치로 여겨지던 것이 명예스럽게 되고 애써 감추던 것이 떳떳이 공표해야 할 것이 된다. 이렇게 해서 비밀의, 이를테면 가치 전도가 이루어지는 것이다.

오래된 비밀이라느니 기사도 시절의 비밀 혹은 기사수도회의 비밀 운운하면서, 또는 무의식적인 비밀을, 비교(秘敎)의 통과제의를 얘기하면서 사람들은 비밀이 과거에 속하는 것인 양 말한다. 그렇지만 비밀은 흔히들 생각하듯 그렇게 과거에 속하는 것이 아니다. 어떤 비밀이 애당초 밝혀지게끔 만들어진 것이 아니라면('밝혀지지 않는다면'이라고 말하는 것과는 다르다.) 그것은 비밀이 아니라 하나의 사물일 뿐이다. 비밀이란 미래를 향해 존재하며 온 힘을 다해, 발각되려고 몸부림친다.

비밀

보통 사람들은 세상에는 갖가지 비밀들이 있다고 생각하곤 하지만 나름대로 사려가 깊은 사람들은 단 하나의 '비밀'만 존재하는 것은 아닐까 하는 생각을 떨쳐 내지 못한다. 실증주의자들, 혹은 실증적 정신들이 보기에 이런 생각은 한낱 젊은 날의 미혹에 지나지 않을 것이다. 이 세상이 감추고 있는 커다란 비밀이 있으리라는 환상은 지식이 발달함에 따라 자연히 걷히게 된다고 그들은 말한다. 또 그렇게 성장한 지식은 몇 가지 질문들—풀릴 수 있는 것이건 영원히 해결할 수 없는 것이건 간에, 아니 정확히 말해 지금 당장은 풀 수 없지만 먼 훗날에는 풀릴지도 모를—을 제기하는 것으로 만족한다는 것이다. 이러한 관점에서 보면 형이상학이나 종교 등은 스스로 무너져 내리는 것들이다. 또 그 큰 '비밀'이라는 것도 결국은, 결정적으로 감추는 것이라고는 아무것도 없는 저 자질구레한 비밀들 중 하나가 되고 말 뿐이다.

세상에 대한 그리고 비밀에 대한 이런 입장은 언뜻 우리를 안심시키는 것처럼 보일 법도 하겠으나 나로서는 매우 서글픈 것이라고 생각하지 않을 수 없다. 세상이 오랜 세월을 두고 탐구하면 결국 다 밝혀지는 표면만으로 이루어져 있어서 도무지 거기에 어떤 이면이라는 게 없다면 인간이 처한 상황에 무슨 희망이 있겠는기. 하기야 인류 역사의 출발점을 돌이켜 본다면 인간이 이룩한 그 줄기찬 진보에 들뜰 수도 있을 것이다. 그렇지만 내가 보기에 중요한 것은 그런 게 아니다. 우리는 물리학과 의학의 발전으로 큰 혜택을 입고 있고 그래서 마땅히 흡족해 해야 하지만 한편으로 그것들은 어떤 공허를 남기고 있지 않은가. 이 세상의 공허가 아니라 또 다른 어떤 세상의 텅 빔 말이다. 우리는 운명으로부터 어떻게 빠져나갈 수 있는가? 우리가 탈출할 수 있는 비밀의 문은 어디 없는가? 바로 이것이 모든 사람이 싫든 좋든 떠올리게 되는 의문이리라. 인간의 발전에 우리가 무한한 신뢰를 보낼 수는 있겠지만 그렇다고 해도 진보가 탈출을 대신하지는 못한다.

외관과 실제가 일치하는 경우도 있지 않느냐고 말할 수도 있을 것이다. 그렇다면 우리는 그저, 사실의 차원에서뿐 아니라 정신적 차원에서도 잇달아 일어나는 사건들을 기다리기만 하면 된다. 그래서 몇몇 철학자들은 우리에게 어떤 거대한 광경을 보여 주기도 한다. 즉, 철학이 역사와 혼동되어 마치 세상의 사물과 정신이 시간이 흘러감에 따라 그 한 폭 한 폭에 새겨진 병풍을 창조적으로 펼쳐 놓는 것과 흡사하다. 이것이 다 펼쳐져 그러한 과정이 일단락되면, 이제는 사람이 만들어 낸 예술적 혹은 종교적인 상징들은 들어설 자리가 없게 된다. 왜냐하면 이러한 상징들은 어떤 통합적인 지식, 절대적인 앎에 의해 대체되기 때문이다. 그 앎은 그것을 대신하리라 자부하던 이러저러한 인식의 표상들을 가소롭게 만들어 버린다.

이것도 물론 하나의 계시임에는 틀림없다. 그렇지만 이러한 계시는 예컨대 모세가 시나이산에서 받은 계시처럼 순간적인 성격을 띠지는 않는다. 종교는 우리가 갇혀 있는 '이승'으로부터 우리를 탈출시켜 주지만 그러한 계시가 갖는 점진적 시간성(caractére progressif)은 그렇게 해 주지 못한다.

절대로 그렇게 못할 것이다! 그러니, 어차피 그럴 바에야 차라리 아무것도 모르는 게 모든 것을 다 아는 것보다 더 낫다. 우리가 보기에 그 모든 것이란 결국 아무것도 아니다.

처음엔 우리를 회의주의자가 되게 했다가 끝에 가서는 신비주의자가 되게 하는 이러한 태도를 괴테라면 아마도 비난할 것이다. 그에게는, 본질적으로 한계가 있는 이 세상에서 절대적인 것을 염원하는 것보다 더 서글픈 일은 없기 때문이다.

'비밀'은 정말이지 도달하기 힘든 어떤 것이다. 그렇다면 그것은 왜 존재하는가? 왜 우리는 그것을 생각하지 않을 수 없는가? 그것이 있다고 믿지 않을 수 없는가? 그리고 이 '절대'에의 염원은 어떤 점에서 비난받아야 하는가? 괴테의 말처럼 인간은 세계의 문제들을 해결하도록 만들어진 게 아니라 이해할 수 있는 것의 한계 안에 머무르게끔 만들어졌기 때문인가? 절대와 창조주가 지향하는 완성, 그 둘은 양립할 수 없는 것이다.

    그렇지만 괴테가 '비밀'이 있다는 사실을 부정하는 것은 아니다. 그는 그것의 중요성에 대해 매우 비장한 느낌을 갖고 있기에 사람들에게 주의를 주는 것이다. 모세도 신의 모습을 정면으로 볼 수는 없었다. 모세만이 아니라 어느 누구도 신을 보려 해서는 안 되었다. 보려 하지 않는다는 것이 신을 부정하는 것은 아니다. 그것은 오히려 신을 인정하는 것이며 그와의 관계 속에서 자기 자신을 아는 것이다. 모세와 괴테가 서로 크게 다른 점은, 전자에게는 '비밀'이 인간을 넘어서는 어떤 '존재'에 속하지만 후자에게 그것은 인간을 에워싸고 있는 어떤 '자연'에 속한다는 점이다. ("무한 속으로 들어가려는가? 그러면, 유한을 향해 사방으로 나아가라.") 언제나 비밀은 있다. 그것이 존재한다는 속 깊은 믿음, 이것이 바로 괴테가 그의 시 「복된 갈망」에서 그토록 서정적으로 표현한 진정한 신비이다. 그러나 그 비밀을 알아내려 들지 말 것, 이것이 또한 그의 절실한 충고이기도 하다.

비밀의 소멸?

 그런데 오늘날 모두가 그 '비밀'을 알아내고 싶어 한다. 그것도 어떤 '계시'를 기다린다거나 혹은 그것에 어떤 믿음을 부여하면서 그러는 것이 아니라 '비밀'을 단지 하나의 수수께끼로 취급하고 있다. 헤겔이 말한 대로 수수께끼는 조금도 신비로울 게 없다. 왜냐하면 그것은 이 세상에 속하는 누구나 알고 있는 사물들로 구성되어 있기 때문이다. 수수께끼는 그 자체 속에 이미 해답을 가지고 있어서, 흩어져 있는 요소들을 다시 결합하기만 하면 된다. 그러면 다시 한데 모인 그 전체가 곧 해답이 된다. 그러니까 질문 속에 이미 해답이 내재해 있었던 것이다.
 '비밀'이 만약 이 같은 하나의 수수께끼에 지나지 않는다면 얼마나 다행한 일인가! 그 수수께끼를 풀기만 하면 '비밀'을 끝없이 탐구해야만 하는 수고로부터 벗어날 수 있으니 말이다. 프로이트와 마르크스는 이러한 임무를 떠맡은 또 다른 루크레티우스들인 셈이다. 억압된 감정들을 밝혀내고 계급을 철폐하여 인간이 자신의 마음을 사로잡는 그 '비밀'로부터, 자신이 꿈꾸는 그 '비밀'로부터 마침내 해방된다는 것을 확신하지는 않더라도 우리는 적어도 그러한 시도 자체의 가상함은 인정해 주어야 한다. 다만 그러한 시도에 있어 수단이 목적을 망각하게 하지는 않기를 바랄 뿐이다. 어쨌든 이러한 중대한 질문들 앞에서는 어느 쪽으로든 선택하지3 않을 수 없는바, 이 대목에 이르러 나로서는 그러한 시도가 완전하고도 결정적인 성공을 거두리라고는 생각지 않는다. 그보다는 오히려, 다른 어딘가로부터 흘러 들어오는 빛이 비추어 줌으로써만 걷힐 어떤 어둠이 여전히 남아 있을 거라고 믿는 쪽이다.

3 렘브란트와 파스칼이냐 아니면 스피노자와 헤겔이냐, 택하지 않으면 안 된다.(원주)

Le Silence   침묵

침묵에 대해 생각할 때 우리는 우선 있는 그대로의 현상으로서, 또 의도가 담긴 하나의 행위로서, 마지막으로 예술 창조를 위한 중요한 축으로서—물론 그럴 적에 삶으로부터 예술의 차원으로 한 단계씩 옮겨 가면서—그것에 접근할 수 있을 것이다.

침묵이 있는 그대로의 현상일 수 있는가? 결코 아니다. 소리 없음은 소리의 있음과의 관계하에서만, 말하자면 지금은 아니지만 언제든 가능한 현존(즉, 소리 남)을 통해서만 감지된다. 그 침묵에는 어떤 의미가, 다시 말해 가치가 부여되어야 한다. 무신론자를 향했던 것이든 자기 자신에게 했던 것이든 "무한한 우주의 저 침묵은 나를 떨게 한다."라는 파스칼의 말은 그 무엇과의 비교를 통해서만 무게를 갖는다. 이러한 점은 질의 관점에서 보면 분명한 사실이거니와 양과 수의 관점에서도 마찬가지다. 칸트는 『음수』라는 소책자를 쓰면서, 이 수가 결코 단순한 제로가 아니라는 점을 보여 주려 했다. 즉 양수와 똑같이 음수도 세어져야 하며, 피타고라스학파를 들쑤셔 놓았던 무리수를 무시해 버릴 수 없듯 음수 역시 제쳐 놓을 수는 없다는 것이다. 그렇듯 침묵에는 의도가 실려 있게 마련인데, 이는 부정적, 상대적, 적극적이라는 세 측면으로 나누어 살필 수 있다.

부정적 측면

 말을 하려야 할 수 없는 벙어리는 침묵하는 게 아니다. 침묵하는 자는 바로 말로나 글로 할 수 있는 말을 참고 있는 자이다. 즉 표현하는 데 무관심함으로써 침묵하게 된다. 그런데 자기 표현을 하지 '않는다'고 했을 때의 이 부정이 원래 부정적이었던 것은 아니다. 즉 어떤 계기로 인해 사후에 그렇게 된 것이다. 돌은 애당초 침묵했겠지만 말하기를 그만둔 자는 다르다. 침묵이란 이렇듯 의도적인 것이다. 그렇다면 그때의 그 의도란 어떤 것일까?
 철학자들이 다양한 이름들로 설파해 온 저 무위의 상태로 돌아가자는 것이 그 의도일 수도 있겠다. 그렇다면 살아 있는 자의 침묵이란 곧 삶의 부정일진대, 여기에 대해서는, 아, 침묵은 침묵을 부르나니, 정말로 별 할 말이 없다. 그러나 이것은 절대로 기독교의 태도는 아니다. 무릇 성서의 종교들은 신과의 대화에 근거하기 때문이다.

그러나 당신의 내면에 어떤 존재가 있어 그와 대화하고 거기서 관계가 성립될 수도 있다. 그러니까 초월적 존재의 부재가 아니라 내재적 존재의 당당한 현존인 셈인데, 이렇게 되면 무(無)를 운운할 수는 없다.

신비주의자들의 저 침묵의 대화는 참으로 놀랍다. 아빌라의 성 테레사 수녀가 그것에 관해 잘 기록해 놓았다. 훨씬 더 놀라운 것이 있으니, 바로 자연에 내재하는 어떤 '힘'과 대화하는 자들이다. 나는 라마크리슈나 파의 한 힌두 승려가 친구들의 초대를 받은 어느 모임에 간 적이 있었다. 그 승려는 힌두교도들이 정신 집중을 위해 취하는 자세를 하고 있었다. 기도를 마친 후 참석자들은 그가 말문을 여는 순간을 기다리고 있었다. 우리 중 몇몇은 벌써 초조해지기도 했다. 그도 그럴 것이, 다루어지는 주제가 심오할

수록 그 표현은 소박하다는 사실을 다들 잘 알고 있었던 것이다. 모든 숭고한 것들은 언제나 실망스러울 정도로 평이한 말들로 설법되는 법이다. 어쨌든 조바심을 내는 치들도 있었으나 설법이란 모인 사람들에게 어떤 마력을 행사하는 것이기에 우리 중 대다수는 희망을 품고 기다렸다. 처음 몇 분간 그 승려는 아무 말도 없었다. 약 15분이 흘리도 그는 여전히 침묵을 지켰다. 그런데 그가 침묵하면 할수록 어떤 종교적인 경건함 속에서 사람들은 더욱 경청하는 것이었다. 그렇다. 과연 무슨 말을 할까 귀들을 쫑긋 세우고 있었으니 그의 침묵은 분명코 '경청'되고 있었다. 그가 계속해서 말문을 열지 않자 그때까지 기다리던 이들의 주의력이 많이 감소되는 듯했다. 그러나 귀에서 감소되었던 집중력은 이번에는 눈으로 옮겨졌다. 주위 환경 따위에 아랑곳하지 않는 어떤 절대적 희열을 누리고 있는 듯 부드러운 빛으로 환해진 그의 얼굴을 그곳에 모인 사람들은 경탄의 눈으로 바라보고 있었던 것이다. 모두 이 고요한 평정에 참여하는 듯했으며 더 이상 아무것도 기다리지 않게 되었다. 그렇다고 해서 시간에 대한 감각이 완전히 사라져 버린 것은 아니었다. 시간은 그것을 구성하는 한 축인 정(靜)에 의해 그 순간 주재되고 있었지만 또 다른 한 축인 동(動) 역시 그 것의 배음(倍音)으로 깔려 있는 것이었다.

그렇게 한 시간이나 흘렀지만 과거나 미래는 느낄 수 없었으며 단절되지 않고 무한히 연장되는 현재만 있을 뿐이었다. 나는 이와 같은 경험이 종교가 아닌 다른 영역에서도 가능할까 생각해 보았다. 위에서 내가 묘사한 태도는 평범하고 흔한 것이 아니다. 그렇다고 무슨 예술적 창조로 이어지는 태도도 아니다. 그것은 떠오른 영감과 그것을 통한 예술적 창조, 그 중간쯤에 위치하는 것이다. 말하자면 '막 시작하려는 순간의' 창작이리라.

이 같은 태도를 조금 더 진척시킨다면 예컨대 크메르의 불상(佛像)과 같이 명확한 실체로 나타날 것이다. 그렇지만 지금 내가 말하는 단계에서의 그 태도는 삶과 예술 사이에 있다. 흔히들 생각하고 말하는 것과는 반대로 '결(style)'이라는 것은 예술에서가 아니라 삶에서 더 잘 드러난다. 작품이 완성되는 순간 결은 퇴조하기 시작하는 것이다.

　이 사실은 우리 시대가 이미 깨달은 바이다. 우리 시대는 순수한 의미에서의 예술 창조에 등을 돌리며 그걸 비웃기까지 한다. 혹은 창작의 단계로 마지못해 들어간다 하더라도 미완성으로 그친다. 이 '미완'의 의미는 완전히 바뀌어, 과거에는 초벌 스케치 정도의 의미였다면 지금에 와서는 아직 시작되지 않은 작품을 의미한다. 그림들이 '완성'되지 않았다는 지적에 대해 세잔이 "당신네 그림들은 아직 시작되지도 않았소."라고 말한 것도 이러한 맥락에서다.

　모든 부정의 방법들은 예술 작품에 대해서도 사용될 수 있다. 예를 들면 어떤 작품에 대해 떠들썩하게 광고해 놓고는 예정된 날짜에 전시를 하지 않는 것이다. 그렇게 되면, 순수한 의미에서의 예술 작품이나 미적 대상은 존재하지 않는다. 그렇지만 세상에 대해 일정하게 거리를 취하는 이러한 태도는 분명 미적 태도이다. 그런데 생산과 행동 쪽으로 완전히 돌아선 문명권에서는 이러한 거리 두기는 오해를 불러일으킨다. 분노한 관객들이 아무것도 전시되지 않은 갤러리의 유리를 깨부수면서 항의하곤 한다.

    가장 기본적인 규범을 어기고 들어가는 작품들도 있는데, 이것들은 그러나 적어도 눈앞에 뭔가 보이는 게 있으니 위에서 말한 경우보다는 덜 부정적이다. 가령 이브 클라인의 단색 그림들이 그러한데, 그 그림들은 모두 똑같은 형태로 단 한 가지의 청색으로만 되어 있었으며 서로 크기만 다를 뿐이었다. 이것들은 무언가를 구성한 결과가 아니므로 창작이 아닌 것으로 보였다. 그러나 그 그림들은 '언어의 세계'에 대해 취하는 하나의 태도인 셈이었으며, 어찌 보면 태도를 넘어 근본적인 입장에 값하는 것이었다. 그 청색은 앞에 나온 힌두 승려의 침묵과 같은 것이다. 말해야 할 것이 단 한 가지일 때 그 승려는 그것을 말하지 않았던가. 그가 그렇게 한 것은 전적으로 옳았으며, 또한 결코 쉬운 일이 아니었다. 하나가 아니라 여러 가지를 말하는 것이 훨씬 쉬운 일이다. 존재는 그 고귀함 안에서라면, 오로지 좁은 문으로 지나갈 뿐이다.

    음악은 어떤가? 중국의 어느 오케스트라의 연주회에

침묵

서처럼 단원들이 가져온 악기를 연주하지는 않고 흉내만 내서 청중이 아무 소리도 못 듣는 경우, 피아니스트가 건반을 두드리지는 않고 피아노 앞에 앉아 있기만 한다거나 바이올린 연주자가 활을 허공에 대고 긋기도 하고 플루티스트가 플루트를 입에 가까이 가져가기만 하고 불지는 않는 경우들. 이런 것들은 순수 정신에 다가가고자 하는, 말하자면 잠재적인 음악이다.1

우리는 대개 그것을 이해하지도, 심지어 예술로 인식하지도 못한다. 오히려 그런 것을 비웃으려 든다. 1963년쯤이었던가 신문에서 이런 기사를 본 적이 있다. 토머스 블로드라는 사람이 런던의 위그모어 홀에서 침묵의 피아노 독주회를 열었다. 약 100명의 청중이 쿠펜하이머의 「침묵의 파르티타」, 베르가모의 「지리학적 침묵」, 볼벡의 「새로운 제사(題詞)들」 등의 대작들을 감상하러 2실링 6펜스의 입장료를 내고 들어왔다.

그 헝가리 피아니스트가 펼쳐 보이는 열기 어린 몸짓에도 불구하고 허공을 가르는 피아노 해머들의 미세한 바

---

1 카잔차키스는 그의 여행기 『시나이반도에서 아프로디테 섬까지』에서 이를 언급하고 있다. (원주)

람 소리 외에는 연주회 동안 아무 소리도 들리지 않았다. 플루트와 콘트라베이스가 함께했지만 그 또한 침묵의 트리오였다.

그런데 사실 이 연주회는 한 민영 TV 제작자가 연출한 일종의 기만극이었다. 그 제작자의 말인즉, 인간들의 어리석음이 어디까지 갈 수 있는가를 보려 했다는 것이었다……. 하지만 나는 거기에 참석한 '청중'이 그렇게 어리석다고는 생각하지 않는다. 개중에는 상당수의 속물들도 섞여 있을 테고 또 영국인들이 워낙 그렇듯, 단순한 호기심으로 신기한 것을 구경하러 온 치들도 많았을 것이다. 그러나 예술적 창조의 또 다른 차원이 주는 매력을 찾아서 온 사람들이 없으리라는 법이 있는가?2

물론 나는, 단순히 이웃에 폐를 끼치지 않으려고 소리 나지 않게 치는 것이라든지 혹은 괴스타 베를링이 말하는 어떤 피아니스트처럼 나무판 위에 건반을 그려 놓고 베토벤을 연주한답시고 손가락을 놀려 대는 식의 잔재주에 대해서는 굳이 결론을 내리지 않겠다……. 이런 연주는 말하

2 온쉼표, 4분 쉼표, 8분 쉼표, 16분 쉼표, 이런 '침묵들'은 음악의 일부로 뚜렷이 남지 않는가?(원주)

자면 진실을 가장한 흉내이다. 그렇지만 내가 말하고자 한 것은 흉내의 형태를 띤 진실이다.

상대적 측면

그러므로 순수하게 부정적인 침묵은 존재하지 않는다. 그렇지만 그것은 나름대로 어떤 이상을 표상하고 있다. 반면 상대적인 침묵은 우리의 실존—과거와 현재와 미래를 향해 소리와 소리의 부재가 번갈아드는—의 일부를 이룬다. 침묵의 순간이 과거를 환기시킬 때, 그것이 늘 해 오던 습관에 따른 것이 아니라면, 그 침묵은 과거를 회상하는 말보다도 더 큰 의미를 담는다. 침묵은 과거라는 저 돌기둥, 그 깨어진 비석—그 깨어짐으로써 단절을 상징하는—을 되살린다.

침묵이 미래를 향할 때는 향수가 아니라 호기심이, 때로는 불안이 스며든다. 그게 바로 '서스펜스'이다. 그러나 외부를 향한 이러한 침묵은 내부의 동요와 소란에 응답한 것이다. 그와는 반대로 날이 밝으면 드디어 기사로 서임 받게 될 자를 철야식 내내 지배하는 침묵은 마음의 평화를 나타낸다. 고대인들이 추구했던, 또 내가 어린 시절 알았던 한 점쟁이 여인이 손님들에게 빌어 주었던 그 마음의 평화보다 더 소중한 것이 또 있을까?

이러한 평화는 그러나 기사 서임 전야의 철야식이나 무슨 입문식 때의 것과 같은 긴장을 통해 얻게 되는 것은 아니다. 그리고 그 평화에 수반되는 침묵을 시간의 범주 속에 넣어서도 안 된다. 왜냐하면 그러한 마음의 평화는 시간을 뛰어넘으려 하기 때문이다.

프리메이슨 신입 회원들의 명상실에 배어 있는 침묵, 그리고 스승의 이름조차 부르지 못하게 만드는 피타고라스 학파의 함구령이 가져오는 침묵은 긴장이 아니라 오히려 이완을 불러일으키는 태도들이다.

긴장은 오전의 속성이다. 사람들은 아침에 일어나서 하루 일과를 준비한다. 그에 비해 저녁은 이완의 시간, 휴식을 준비하는 시간이다. 그러나 종종 이 저녁 시간도 아침의 소리들과는 또 다른 소리들로 채워진다. 그런데 상대적인 침묵마저도 제대로 견뎌 내는 사람이 매우 드물다. 도시에 살면서 늘 시골로 가서 살고 싶다고 말하지만 막상 시골집에 도착하는 순간부터 오락거리를 찾는다. 물론 시골 사람들도 오락거리를 찾기는 마찬가지지만 도시인들은 훨씬 더 복잡한 쾌락을 요구하는 것이다.

 시골의 침묵이 충분히 상대적이라는 사실이 소용없는 것은, 비어 있음의 무게를 잘 견디지 못하는 도시인들에게 그것이 절대적으로 느껴지는 탓이다. 그래서 그들은 떠나올 때 함께 가지고 온 온갖 장치들을 동원하여 도시 세계와 시각, 청각으로 접속함으로써 그 무게를 떨쳐 내려 든다.

○

 침묵은 누구를 대상으로 하느냐에 따라 다를 수 있다. 열등한 자의 침묵은 존경을 의미한다. 그래서 우월한 자는 존경을 나타내는 다른 어떤 표시보다 먼저 침묵을 요구하기를 주저하지 않는다. 돈 후안의 하인 레포렐로는 자기 주인이 싫어할 말들을 거침없이 해 대다가 돈 후안이 정숙을 명하자 갑자기 멈춘다. "이제는 섬기지 않으리." 하고 노래를 불렀으나 주인이 등장하자 입을 다무는 것이다.

동등한 관계에서도 무언가를 나타내기 위해 침묵을 이용할 수 있다. 그러나 이것은 그 관계가 우호적인 감정에 근거해 있다는 전제 하에서만 가능하다. 만약 그렇게 생각지 않는다면, 가령 당신에게 체질적으로 호감을 갖지 않은 어떤 사람과 함께 산책하고 있다고 상상해 보라. 이보다 더한 고역이 어디 있겠는가. 함께 걷는 내내 그가 말이 없거나 아니면 당신이 말이 없거나……. 그렇지만 다정한 침묵에는, 그것이 동의이든 공감이든 혹은 사랑이든 어떤 공모의 감정이 깔려 있다.

또 다른 종류의 침묵도 있으니, 아랫사람에 대한 윗사람의 침묵이다. 이것은 냉정함이나 업신여김, 혹은 승낙을 의미한다. 그것은 스탕달의 주인공들이나 비니[3]의 신이 보

---

[3] 프랑스의 낭만파 시인 알프레드 드 비니(Alfred de Vigny, 1797~1863)를 말하는 것으로, 기독교는 비니의 시 세계를 구성하는 기본 토대가 된다.

여 주는바, 우두머리의 침묵이다. 나폴레옹은 다스리는 자에게 가장 필요한 자질은 바로 냉정함이라고 말했다. 어쨌거나 그것은 친근함의 부재인데, 평소에 매정해야만, 기회가 왔을 때 한 번씩 내비치는 친근함이 더욱더 돋보이며 환영받는 것이 될 것이다. 뿐만 아니라 우두머리는 침묵과 다정한 말, 그 둘의 비율을 잘 조절하고 또 그 선택의 순간을 잘 포착할 줄 알아야 한다.

적극적 측면

퀘이커 교도들의 집회에 가 보면, 신비주의자들이 묵도라고 부르는 것에 동반되는, 좌중을 지배하는 침묵에 놀라게 된다. 내가 기억하기로는 이단으로 간주되었던, 이른바 '묵상파'라는 종파의 경우 침묵이란 우리 영혼이 신의 계시를 더 잘 받아들이고 또 그 계시가 더 잘 나타나게 해 주는 것이라고 여긴다. 또한 부처도 항상 침묵하고 있는 것으로 표상되며, 프라 안젤리코는 입술에 검지손가락을 갖다 대고 있는 성 베드로를 그렸다.

그러나 그렇다고 해서 의사소통에 지장이 있는 것은 아니다. 전설에 따르면 아시시의 성 프란체스코와 성 도미니크가 만났을 때 그들은 한참 동안 한마디 말도 없이 서로 부둥켜안고만 있었다고 한다. 그렇지만 그 짧은 순간에 서로에게 할 말을 다 했다는 것이다…….

영혼과 영혼이 혹은 한 영혼과 신이 나누는 이러한 비밀스런 대화는 우리 시대 사람들에게는 낯설다. 하지만 과거에도 마찬가지였을 것이다. 신비 체험이라는 것은, 그것이 의사소통과 관계있을 때 특히 소통될 수 없는 것이니까…….

소위 '지성인들'에게는 침묵이 갖는 사회적, 윤리적 의미가 더욱 현실적이고도 뜨거운 문제로 떠오를 것이다.

◯

 이 경우 침묵은 미덕이라기보다는 오히려 하나의 결함으로 간주된다. 그것은 공포라는 저급한 힘에 굴복한 일종의 도피에 속한다. 그러므로 그것은 하나의 행위, 그것도 비열한 행위이다.

 최근에 법은 인명 구조 태만 행위를 제재하기에 이르렀다. 이로써 도덕의 범주에 속하던 것을 사회 제도가 떠맡게 되었으며 또 한 번, 입법 기능이 종교의 자리를 넘겨받았다. 그렇지만 선한 사마리아인이 보상을 받게 되는 것은 아니다. 그는 의무를 다한 것뿐이기 때문이다. 그러나 부상당한 사람을 도와주지 않고 그냥 지나친 두 행인은 이제 처벌받게 된 것이다. 늘 그래 왔듯 법제화가 정신적 훈계를 대신하고, 의무를 이행할 줄 모르는 자비의 자리에 사법 제도가 들어섰다. 침묵은 곧 악에 동참하는 것이다.

 이러한 개념은 더욱더 확장되어, 모든 종류의 범죄 행위에 수동적으로 대처한 자들에게도 법적 제재를 가하기를 요구하는 선까지 왔다. 중립은 단죄되어야 한다는 것이다. 하지만 국가들의 경우, 다시 말해 스위스처럼 어지러운 세상에서 자기들의 생존을 지키기 위한 방침으로 그것을 택한 국가들은 그래도 아직 용서가 된다. 그렇지만 도덕적 주체에게는 그것이 더 이상 용납되지 않는다. 그러니 인류에 대한 잔혹한 범죄가 무수히 자행되었던 2차 대전 당시 교황 비오 12세는 보다 분명한 입장을 밝혔어야만 했다. 어떻게 하든 그를 변호할 수밖에 없는 교황 신봉자들은 그래서 수세에 몰릴 수밖에 없는 것이다.

사르트르는 중립이라는 위반 행위가 집단의식에 의해 저질러 지는 것에 대해서 극단적인 결론을 이끌어 낸다. 공적인 일을 개개인이 회피하는 것도 단연코 단죄되어야 한다니, 대중을 상대로 쓰거나 말하는 자에게 있어서는 더 말할 나위도 없다. 베르코르[4]의 여주인공이 지키는 침묵도 마땅치 않게 여긴다. 당연히 공개적으로 항거해야 한다는 것이다.

동조하기 위한 침묵도 있었고 반대하기 위한 침묵 또

---

4 본명은 장 브륄레르(Jean Bruller, 1902~1991). 레지스탕스에 참여한 프랑스 작가다. 대표작으로 『바다의 침묵』이 있다.

한 언제나 있었다. 그러나 최근 들어 전자만 남고 후자는 사라진 듯하다.

    그렇게 된 연유는 내 생각으로는, 모든 인간을 시민으로, 개개의 시민을 유권자로, 각 유권자를 다시 심판관으로 변모시키고자 하는 이른바 민주주의의 이상이 점차 실현되어 가는 데 있는 것 같다. 시에예스 신부는 그가 만든 법에서 이미 능동적 시민과 수동적 시민을 구분할 것을 제안했었다. 그 구분은 명문화되지는 않았지만 점차로 중요해지고 있다. 수동적인 시민은 이제 양심의 가책 같은 것을 느끼게 되었다. 주권은 민중에게 있으니 그도 민중의 한 사람이라면 어떤 범죄가 자행될 때 그것을 단죄하지 않고 내버려 둬서는 안 된다는 것이다. 그리고 무언의 단죄만으로는 불충분하며 공개적이고 분명한 단죄가 필요하다는 것이다. 그래서 위법이라고 판단되는 모든 사회적 행위에 대해 시위와 반대 서명이 잇따른다. 그 서명에 동참하지 않는 자는 그러한 사회적 행위에 대해 찬성하는 것으로 간주되지는 않더라도 적어도 무관심한 자로 여겨지는 것이다.

이러한 상황은 점점 심화되어 이제는 많은 사람들이 찬반 양론 중 어느 한쪽을 일단 무턱대고 선택하기를 좋아하게 된 것 같다. 물론 비난받아 마땅한 반인륜적 범죄들이 있는 것은 분명 사실이다. 그러나 훨씬 더 깊숙이 감춰져 있는 죄악들은 때로 드러나지 않고 지속되기도 한다. 이럴 경우 그것을 모르고 있는 사람들의 침묵을 나무랄 수는 없을 것이다.

심지어 어떤 사람들은 침묵을 깨고 분명한 입장을 취하라고 당신에게 요구하기까지 한다. 그것은 결국, 예컨대 쌍방이 심각한 피해를 입고 또 공히 잔혹한 범죄를 저지르고 있는 어느 내전을 두고서 사물의 어느 한쪽만을 보도록 당신에게 강요하는 것과 같다.

폭정 앞에서 무관심한 표정으로 일관했던 저 콧대 높고 고고자허한 스토아학파의 침묵으로 돌아가자는 것은 아니지만, 폭압 아래에서 머리를 조아리든지 아니면 목청 돋우어 외치든지 둘 중 하나밖에는 도리가 없는 요즘 사람들의 처지가 딱한 것도 사실이다.

의학적 종교적 측면

 환자가 자신의 병에 대해 말해야 한다고 믿는 신(新)의학에서도 환자의 침묵은 질책의 대상이다. 전에는 환자는 입을 열면 안 되었다. 환자의 호소로 인해 가족이 겪는 시달림 때문만이 아니라 그의 말이 의사에게 아무런 도움을 주지 않았기 때문이다. 물론 환자는 자기 병의 원인에 대해 아는 게 전혀 없었다. 오늘날의 의사들도 이 점에 대해 생각을 바꾼 건 아니다. 그렇지만 그들은 점차 정신 신체 의학의 개념에 눈뜨게 되어, 이제는 신체적인 것에 대해 소위 정신적인 것이 미치는 영향력을 의심하지 않는다. 나아가 육체적 장애의 원인을 정신 현상에서 찾아, 긴장하고 있는 신체 기관이 정신적 안정을 취하면 이완되리라 기대하기도 한다. 물론 요즘의 의사들이라고 해서 환자가 자신의 병을 훤히 다 알고 있다고 생각하지는 않는다. 그렇지만 그들이 환자에게 조리 없는 말이라도 자꾸 하라고 부추기는 것은, 그의 말 밑바닥에 얽혀 있는 환상과 광기를 통해 병의 뿌리를 발견해 낼 수 있기를 바라기 때문이며, 또 환자 자신으로 하여금 그것을 바라도록 유도할 수 있기 때문이다. 환자를 갉아먹고 있는 그 병의 뿌리는 환자 자신만이 해석의 실마리를 제공할 수 있는 어떤 상징들의 베일에 싸여 있다. 이 방법은 당사자의 자존심을 슬쩍 만족시켜서 치료 기간을 늘리게 되고, 나아가 유능한 사람들만이 제대로 판단하고 평가할 수 있는 기술들을 사용함으로써 현재로서는 불가능하지만 잘하면 치유될지도 모른다는 희망을 불어넣는다. 그 기술들의 공통점은 환자의 통제되지 않은 말을 활용한다는 것이다. 오히려 조리 있는 말은 침묵시켜야 한다. 역할극에서도 사정은 마찬가지다. 그것은 단절을 불러온 작은 균열의 지점을 냉정하게 분석하기 위해 이미 했던 말과 행동을 다시 한번 해 보는 것이다. 원인이 밝혀지기만 한다면 부부간의 파경도 피할 수 있다. 서로 상처를 덧나게 하면서 급기야는 말문을 닫은 채 등돌리고 앉게 되는 것과는 정반대의 결과가 나타나는 것이다.

 이 두 가지 치료법은, 우리 의식에 잡히지는 않지만 우리 행위를 지배하는 어두운 힘이 무엇인지 조명해 내는 것이 분명 효과가 있다는 믿음을 전제로 하고 있다. 그것은 뜻밖에도 그리고 특이하게도, 희생자의 잘 알아들을 수 없는 자기 표현을 통해서만 이루어진다. 말과 이성이 서로 반대말이 되는 셈인데, 역설적이게도 그리스어에서 그 둘은 동일한 단어, 즉 '로고스'로 표현되었다. 고대인들이라면 위와 같은 상황들에 처했을 때 아마도 침묵을 처방했으리라.

○

통증에 시달리는 자에게 침묵이 어떤 내적인 완화 효과를 가져다준다는 것은 사실이다. 침묵은 망각을 돕는다. 우리를 갉아먹는 까닭 모를 내적인 고통을 침묵시키려면 그저 침묵하기만 하면 될 때가 많다. 우리 마음속의 고통은 우리가 내뱉는 말을 먹고 자라는 것이다.
나아가 침묵은, 그것을 적극적으로 선택한 것이라면, 비니가 호소해 마지 않았던 바, 하나의 커다란 담대한 행위가 된다. 그리고 안타깝게도 인간이란 결국 자기뿐이라고 믿게 된 자에게 침묵은—기도 따위가 그에게 의미를 가질 리 없으니—가장 위대하고 용감한 행동이다. 자기 자신으로부터 나오는 어떤 것을 침묵시킬 때 비로소 인간은 그의 비어 있음을 하나의 현존으로 채울 수 있는 것이다. 침묵 요법은 신앙으로 향해 있다. 신앙이 그것을 좌우하는 것이다. 침묵은 생명의 원천이다. 봄베이만(灣)과 시가지 전체가 가장 아름답게 내려다보이는 '침묵의 탑'5에 그 이름을 빌려준 저 피해 갈 수 없는 침묵에 육신을 넘겨 버리기 전까지는 말이다.

5 이곳에서 죽은 파르시 교도들의 시신이 게걸스런 독수리들에게 내맡겨진다. (원주)

La Lecture   독서

단계

읽기는 '부수적인' 현상이다. 누군가 먼저 무언가를 써 놓은 다음에야 읽기가 가능해진다. 쓰기가 애초에 그리기로 시작된 것이라 하더라도 마찬가지다. 그림을 바라보고 해석하기 이전에 우선은 그것을 그려야 했을 테니까. 도형, 기호, 상형 문자 등을 통해 글쓰기의 역사를 더듬는 것은 곧 창조의 역사를 쓰는 것이 되며, 읽기는 그 창조를 발견하는 행위일 따름이다. 그러나 발견이 없이는 창조도 있을 수 없으니, 이 둘은 서로 돌고 도는 셈이다.

진보가 일직선상으로 이루어지는 곳에서는 구체적인 것으로부터 추상적인 것으로 이행한다. 처음에 지시와 표현이었던 쓰기는 그림에서 음소(音素)로 넘어가면서, 의미 작용이 되었다. 우애를 악수하는 두 손으로 표현했을 때, 이 행위가 무엇을 뜻하는지 굳이 설명할 필요가 없었다. 그러나 '우애(fraternité)'라는 단어를 사용했을 때는 달라진다. 각각의 음절은 즉각 이해되지는 않는다. 일단 설명을 한다 하더라도 그것은 프랑스 말을 아는 사람들만 이해할 수 있다. 이러한 제한 두기에는 추상화가 뒤따른다. 의사 소통의 수단들이 세련되어 감에 따라 이젠 그 누구도 아무하고나 소통할 수는 없게 된다. 수학적 언어는 그것이 난해하지만 않았더라면 보다 더 믿을 만했을 것이다.

그런데 이제는 다시 추상적인 것이 구체적인 것에 자리를 내주고 있다. 사람들은 더 이상 읽지 않아도 되는데, 보는 것으로 충분하기 때문이다. 기술의 발전으로 대중들은 정신적인 것을 접할 수 있게 되었다. 이제는 문맹이 무식을 의미하지 않는다. 대성당의 시절에 역사는 비석에 새겨진 글을 통해 전달되었으나 오늘날은 텔레비전을 통해 전해진다. 라디오를 들으면 되니 신문을 읽지 않아도 된다. 전화가 서신 왕래의 지위를 누리고 있으니, 세비녜 부인은 소식을 알기 위해 그리냥의 편지들을 기다릴 필요가 없을 것이다. 1세기가 더 지나면 도서관이 음반 보관소와 필름 보관소로 대체될까? 책은 사라지고 말까?

방식

　미래는 알 수 없으니 현재에 머무르자. 독서라고 하면 혼자 하는 독서만이 떠오른다. 다른 사람들을 위한 것이든 다른 사람들에게 괴로움을 주는 것이든 소리 높여 읽는 행위는 거의 사라졌다. 경전들은 예외인데, 요즘도 회당이나 절, 교회 그리고 회교 사원에서 신도나 사제들은 그렇게 읽는다. 소승 불교에서는 승려들이 『반야심경』을 낭송할 때 신도들이 뒤따라 낭송하는데, 이러한 교독(交讀) 형식은 다른 종교에도 있다.

　반면에 복음서는 혼자서 낭독한다. 개신교에서는 식사 전에 집안의 어른이 성서의 한 구절을 읽는다. 속뜻이야 어떤지 몰라도 겉으로 드러나는 문자적 의미로 봐서는 분명 교훈적인, 성서의 아름다운 페이지들을, 큰 소리로 직접 읽거나 누군가에게 읽어 달라고 하는 습관이 지드에게 생긴 것도 바로 거기서 연유한 것이다. 이러한 관행은 물론 유익한 그 무엇이겠지만 마찬가지로, 평범한 사람들에게는 좀

가혹한 것이 아닐 수 없다. 그들은, 마치 연사가 원고를 들고 읽는 강연회에서 흔히 그러하듯, 아직 더 읽을 게 몇 페이지나 남았나 세어 보지 않고는 못 배긴다. 신학교나 카톨릭 기숙학교의 식당에서는 성인 열전을 읽을 낭독자가 미리 지명되기도 하는데, 이는 아마도, 정숙을 유지하기 위한 것이거나 혹은 빈 위(胃)들의 아우성이 차츰 진정되어 감에 따라 들려오기 시작할 웅성거림을 미리 방지하기 위한 것이리라. 아니면 성인들이 견뎌 낸 금식 이야기를 통해 식욕을 돋우어 보려는 의도가 깔려 있는지도 모르는 일이다.

    혼자서 하는 묵독은 오늘날 많이 하는 독서 형태로서 대화의 도구이기도 하지만 반대로 도피의 수단이기도 하다. 하지만 이 둘은 겉으로 드러나는 것처럼 꼭 그렇게 대립적이지는 않다. 가령 어머니가 자녀에게 "넌 맨날 책 속에 파묻혀 있구나!"라고 말할 때 그건 자녀의 건강을 염려해서 나무라는 것이라기보다는 자녀가 지금 대화를 나누고 있는 그 보이지 않는 자에 대한 질투에서 비롯되었을 것이다.

    이처럼 누군가 혼자 책을 읽고 있는 것을 사람들은—

그가 읽고 있는 것이 바로 자신들이 읽는 책과 동일한 경우가 아니라면—좋아하지 않는다. 사람들로부터 완전히 고립된 로빈슨 크루소는 다른 수많은 사람들이 읽는 책을 읽는다. 그 결과 그의 고립감은 완화되어 가끔씩 그는 자신이 고립되어 있다는 사실을 망각하기도 한다. 영국박물관에서 크리스마스 섬의 곤충들에 관한 어떤 희귀한 책을 읽고 있는 정치적 망명객이라면 혼자뿐이라는 고독감을 떨칠 수 없을 것이며 또한 그러한 사람은 좋은 평가를 받지 못한다.

목적

무언가를 읽는 행위가 어디에 쓸모가 있는지, 무슨 목적을 갖고 있는지 이제 생각해 볼 때가 되었다.

1 무엇보다도, 갖가지 사건들에 대한 정보 획득이 읽기의 목적일 것이다. 거기에는 지난번의 무슨 경기나 시합의

결과로부터 시작해서, 전자 실험의 결과, 혹은 아무개 정상들의 빈번한 방문에 이르기까지 매우 다양한 사건들이 있을 것이다. 정보 혹은 소식이 원래 시사적인 뉴스에 국한되는 것은 아니지만 요즘 들어 점점 더 시사적인 것들에 초점이 모아진다. 지난주에 혹은 지난달에 일어난 일은 더 이상 우리의 흥미를 끌지 못한다. 우리는 어제, 나아가서 오늘 무슨 일이 있었는지 알고 싶어 하며 심지어 지금 이 순간 사건이 일어나는 현장에 가 있기를 원한다. 바로 그 때문에 읽기는 쇠퇴하고, 즉각적이기 때문에 우위를 점할 수 있는 원거리 시청이 흥하게 된다.

그러나 즉각적인 것은 사실에 대해 정보 제공은 할지라도 그에 대한 종합적 이해를 왜곡하기 십상이다. 눈앞에 펼쳐지는 것에, 그리고 귀에 들리는 것에 혹해서 단순한 표상에 가려진 수수께끼 같은 현실을 파악하지 못하는 것이다. 그러한 현실의 진정한 모습은, 시간을 두고 천천히, 그리고 예기치 못한 방법으로 드러나게끔 되어 있기 때문이다. 그래서 세계 각지의 상황들을 시시각각으로 보고받는 고위

관료들이, 앞으로 일어날 일에 대해서는 정보를 덜 가진 사람들만큼도 예견해 내지 못할 가능성도 얼마든지 있다.

2 독서를 통해 우리는 가르침을 얻기도 한다. 청소년들에게 독서가 권장되는 것도 바로 이 때문이다. 학술서나 문학의 고전들은 학교에서 여전히 중시되고 있다.

3 또 다른 목적은 기분 전환이다. 물론 여기에 쓰이는 책들은 좀 다른 것들이다. 다를 뿐 아니라, 위에서 말한 책들과 반대된다고까지 말할 수 있다. 학교 도서관은 학생들이 재미있어 하는 책들을 '애독서'라는 이름으로 지정해 둔다. 교육적인 견지에서 보자면 읽지 않는 게 더 나을지도 모를 이 책들은 상상력과 감수성에 호소하는 것들이다. 교육과 오락, 이 둘이 절충된 읽을거리가 있을까? 그렇다. 역사 교육을 위해서는 알렉상드르 뒤마가, 지리 교육에는 쥘 베른이 이 까다로운 장르의 대가들이었다. 물론 이러저러하게 약간 왜곡하지 않은 것은 아니었지만.

4 사회생활에서 독서는 비록 영상에 의해 조금씩 대체되고 있기는 하지만, 그 역할이 점점 더 커지고 있다. 정부의 행정 명령들은 여러 가지 인쇄물의 형태로 전달된다. 여기서는 그 등급들과 미묘한 차이들을 분간해야 한다. 오늘날 보도라고 부르는 것은 통제된 보도, 즉 홍보이다. 그런데 이러한 홍보는 노골적일 수도 있지만 때로 은밀한 방식으로 이루어지기도 한다. 우선 그날의 사건들에 대한 보도를 깨끗이 삭제해 버릴 수 있다. 이렇게 하면 독자는 어떤 유감스런 사건에 대해 모르고 지나간다. 또 다른 방법은 그러한 사건을 맨 마지막 페이지에 몇 줄로 얼버무려 최소화하는 것이다. 비교적 식견이 있는 사람들이 읽는 신문에서는 그 사건에 대해 따로 해설이 덧붙여지는 반면 독자 대다수가 서민층인 신문에서라면 그 사건은 공격적인 대서특필로 폭로되기도 한다. 어찌 됐든 왜곡(déformation) 없이는 정보(information)도 없는 것이다.

5 어느새 우리는, 남에게 읽히려고 쓰는 자들이 추구

할 수 있는 교화의 목적으로 넘어와 있다. 종교적 혹은 정치적 교화. 우리는 사소한 저작들이 아니라, 마음속에 오래 남는 어떤 기념비를 세울 수 있는 저작들을 읽는다. 물론 그렇다고 해서 그것들이 꼭 지워지지 않는 흔적을 우리 속에 남기는 데 성공하는 것은 아니다. 이런 경우 독서의 목적은 삶을 체계화하는 것이다. 당신이 택한 길과 관련이 있는 진지한 책 한 권을 잘 선택했다면 때로 독서는 삶이라는 여정을 이끄는 이정표 같은 것이 될 수도 있으리라. 만약 독서라는 것이 오히려, 육신과 정신 둘 다를 가지고 겹으로 여행할 줄 아는 독자란 애초에 없음을 반증해 주는 것이 아니라면.

성과 속

이건 제일 중요한 문제다.
독서에서 성과 속의 구분이 명확했던 수 세기 전과 달

리 지금은 이편에서 저편으로 너무나도 쉽게 섞여 들기 시작했다.

    성스러운 책 : 신성하다고 여겨지는 책들 중 어떤 것들은, 예컨대 베다처럼, 그 주석들 혹은 주석의 주석들 혹은 또 그것들의 주석들 말고 다른 책을 읽는 것은 허락하지 않는가 하면, 또 어떤 것들은, 가령 성경처럼, 전체적으로 영감 받은 페이지들과 엄밀한 의미에서 계시 받은 페이지들이 그 안에서 구분되며 또 세속적인 책들도 함께 읽도록 허락한다. 그래서 아침에는 『분노한 롤랑』을 읽으며 심심파적하다가 오후가 되면 「시편」으로 교훈을 얻고 저녁에는 「에스더서」나 「페드르」 공연 중에서 골라 볼 수 있다.

    세속적인 책 : 말하자면 낭만주의와 대혁명 이전에 유럽에서 쓰인 신성하지 않은 모든 책. 그렇지만 전적으로 세속적인 문헌이 존재했을까? 그럴 것 같지는 않다. 성스러운 것의 세속화가 있었을 뿐이다. 예를 들어 볼테르는 '프로이센 국왕 폐하의 전속 사제들'이란 필명으로 성경을 불경스럽게 요약한 책을 내놓았다.

의도하지 않은 가운데 세속화될 수도 있다. 아프리카 적도 부근의 한 원주민 부족은 선교사들이 공급해 준 성경책들로 그들의 가옥을 쌓아 올렸는데, 그 과정에서 선교사들 사이에 격렬한 논쟁이 있었다. 한편에서는 이 판본을, 다른 편에서는 저 판본을 써야 한다고 주장했는데, 무슨 신학적 교리의 문제가 아니라 어느 것이 더 비가 잘 스며들지 않고 또 열기를 잘 견디느냐는 것이 쟁점이었다.

원주민들의 문자 체계에 유럽인들이 잘못 적용한 것이 문제였다. 그들 지방 특유의 구비 문학은 결코 무시되어서는 안 되는 것이었다. 읽고 쓸 줄 모른다고 해서 그들이 하는 말마저 의미가 없는 것은 아니니까.

그런데 문학사에서 성스러움으로, 그러니까 엄격함으로 회귀하게 만드는 어떤 변화가 일어났다. 한 편의 시를 읽는다는 것은 18세기에는 하나의 기분 전환이었다. 오늘날은 그 반대이다. 종교가 행사하던 영향력은 쇠락했으며 그 힘은 다른 어딘가로 옮겨 가야만 하는 상황 속에서 작가들은 어떤 사명 같은 것이 자기 자신들에게 주어져 있음을 발견했다. 그들은 자연의 신비스런 목소리를 해석해 냈으며 '역사'의 『신탁 예언』1을 해독하는가 하면 앞장서서 사람들의 양심을 이끌어 감으로써 성직 계급의 임무를 이어받았다. 그래서 위고는 다음과 같이 반문했다.

무엇 하러 당신들은 사제들을 임명하는가?
이미 당신들 가운데 사제들이 있는데.

시간 때우기 혹은 휴식으로 여겨졌던 독서는 그래서 진지한 사회적 의식의 하나가 되었으며 하잘것없게 여겨지던 읽을거리들도 그러한 의미 변화로 인해 복권되었다. 신문이 조직화된 사회의 대변자가 된 그 순간부터 신문 구독은 매우 중요한, 심지어 필수적인 일이 된 것이다.
모든 것의 기준을 신문 사설들이 제시하는 나라에서 "자네는 신문도 읽지 않는다면서……."라는 말은 서둘러 뭐라고 해명하지 않으면 안 되는 심각한 비난이다.

---

1 고대 로마의 마지막 왕 타르퀴니우스가 그리스의 한 무녀에게서 사들여 로마에 보관했던 예언 모음집.

매일 신문을 읽는 것은 아침 기도와도 같다는 근대의 위대한 철학자 헤겔의 말은 옳다. 신문은 따라야 할 지침을 줄 뿐 아니라 여러 사건들에 대하여 없어서는 안 될 해설을 곁들이기 때문이다. 그 해설이 아니라면 무슨 수로 정당한 전쟁과 부당한 전쟁을 분간할 수 있겠으며 또 정치인들의 이러저러한 말이 갖는 의미를 짐작할 수 있겠는가. 그리고 매우 황당한 사건들을, 신문의 해설이 없다면 어떻게, 진군하는 '역사'의 빛으로 조명해 낼 수 있겠는가. 쓰기가 없다면 읽기는 불가능하며 역으로 쓰기를 위해 읽기는 꼭 필요하다. 그래서 나쁜 도서의 목록을 작성하거나 나아가서 사보나롤라가 했던 방식으로 위험한 책들을 불살라 버릴 필요가 생긴다. 누구나 알고 있듯이, 진시황 아래에서 이사(李斯)도 책들을 불태웠다. 사보나롤라의 알레산드리아 도서관 방화는 종교적 맹신의 산물이었지만 중국의 경우는 소위 '법가(法家)'의 통치 원칙을 적용한 것이었다. 제대로 다스려지는 나라에서는 문학도 역사도 필요 없으며 단지 법률만 가르치면 되고, 국가가 통일되었듯이 사상도 통일

되어야 한다는 것이다. 그래서 의학과 농업에 관계된 책들만—물론 당연히 복서(卜書)도 함께—구제되었다. 살아남은 책들의 저자들 간에 약간의 의견 차이가 없지 않았지만, 어쨌든 이쯤 되면 거의 완벽하게 통일된 전체주의적 사유였다.

위험

독서가 위험을 내포하는 것은 사실이다. 사람들이 즐겨 읽는 책 중에는 좋은 책들이 있는가 하면 나쁜 것들도 있다는 점은 누구나 인정한다. 읽을거리 중에 좋은 것과 나쁜 것이 왜 없겠는가? 다른 사람에게 다가서는 방법으로서 읽기는 말하기 자체보다 더 끈덕지고 사람을 혹하게 만드는 방법일 수 있다. 당신은 누군가를 떠날 수는 있지만 어떤 책을 떠나지는 못한다. 책은 당신이 어디로 가든 상상 속에서 끝까지 따라간다. 그리고 선과 악이 분명히 존재한다고 당신이 생각한다면,('당신의 생각대로 당신이 실제로 행동한다면'이라는 의미로 하는 말이다. 왜냐하면 선도 악도 없다고 말하기는 너무 쉬운 일이기 때문이다.) 책도 읽어야 할 것과 금해야 할 것을 구분하게 된다. 결코 그 구분으로부터 빠져나갈 수는 없다. 양서인지 악서인지에 대한 당신의 판단이 의심스러울 때에만 예외적으로 그것을 피할 수 있을 것이다. 그러나 대부분의 경우 그런 의심이 생겨나는 일은 없을 것이다.

무엇을 읽든 간에 그에 따른 결과가 없을 수 없다. 무언가를 읽는다는 행위는 그 자체로 정신에 때가 끼게 하고 감각을 무디게 만든다. 이따금씩은 "뇌를 깨끗이 비워 낼" 필요가 있다고 오귀스트 콩트가 말했으며, 아무것도 읽지 않고 누구와도 말하지 않은 채 두 시간을 보낼 수가 없다면 결코 발전은 없다고 드가가 말했다.

뿐만 아니라 읽기는 쓰기를 방해한다. 읽기는 우리의 기분을 '전환'시킨다. 즉 사유 자체를 표현하기 위해 따라가야 하는 길로부터 벗어나게 한다. 독서는 당신이 다루려는 주제에 관해 정보들을 제공할 수 있다. 물론, 읽는 와중에 당신의 목표를 시야에서 놓쳐 버리는 일만 없다면. 그렇지만 독서는 당신으로 하여금 끊임없이 샛길로 빠지게 만든다. 책의 노예가 되지 않고 확실한 방향성을 유지한 채 주체적으로 책을 이용할 수 있으려면 우리 모두 몽테뉴가 되어야 한다. 그것은 줄타기 곡예를 하는 것처럼 자기에 대한 완벽한 통제를 요구하는 일이다.

독서로 인해 길을 잃지 않는다 해도, 독서에 빠져 헤어나지 못할 수도 있다. 서지(書誌) 작업이 그러한 경우다. 한 주제와 관련된 모든 책들을 찾아보기, 그 출처들로 거슬러 오르기, 어떤 이론의 주변을 샅샅이 뒤지기, 그것들 사이의 관계 밝히기, 참고 서적의 목록을 쌓아 올리기……. 이런 일들이 바로, 무슨 자격 취득 따위에 응모하는 자들이 채우려 하는 다나이드2의 밑 빠진 독이다. 사람들은 이들을 보며 감탄하기도 하고 그 노고를 측은히 여기기도 한다. 그들 중 몇몇은 그럴 만하다. 그러나 대부분은 아니다. 그 무엇이 되었든 사유하는 노고를 면하기 위해 이 방법을 고안해

---

2 그리스 신화에 등장하는 다나오스의 딸들. 다나오스는 자기의 딸 오십 명을 아이깁토스의 아들 오십 명과 결혼시킨 후 딸들에게 첫날밤에 그 남편들을 모두 죽이게 했다. 아버지의 말을 따르지 않은 맏딸을 제외한 사십구 명의 딸은 지옥에서 밑 빠진 독에 물을 긷는 형벌을 받았다.

내고 실행에 옮긴 사람들도 있다. 1년 내내 한결같이 나른하고 무기력한 공기가 흐르는 도서관에서 퀭한 눈으로, 머리칼은 다 빠진 채, 시선은 초점을 잃고, 도대체 어느 세기에 누구와 함께 살고 있는지도 모른 채 하루를 보낸 후 저녁이 되면 그들은 파김치가 되어 돌아간다. 대저작을 준비한답시고—결국 끝내지도 못했지만—언제나 그러고 있는 한 지인을 두고 앙드레 지드는 그것이 결코 진정으로 일하는 자의 모습은 아니라고 말했다.

    게다가 그렇게 하는 자는 자기만의 그 무엇을 쓰지 못한다. 그는 두 권의 참고 서적을 목발처럼 의지하지 않고서는 걸어 나아가지 못하는 것이다. 애초에 자기의 본능을 따랐더라면 달릴 수도 있었을 텐데. 자신의 힘을 믿지 않음으로써 자신을 마비시키는 것이다. 그는 자기보다 먼저 있었던 자들의 이름을 인용하지 않으면 안 된다고 여긴다. 마치 어떤 생각이 그걸 품어 내고 발전시킨 자의 몫이 아니라고 여기는 꼴이다.

    그러니 각 세대마다 천재라는 일컬음에 값할 만한 몇

몇 사람이 있어서, 행복이라든가 운명 같은 주제들을, 마치 이전에 아무도 다룬 적이 없다는 듯 다시 들고 나오는 것은 반가운 일이다. 그들은 어린아이처럼 순진하고도 순수한 자들이다. 몇몇 경우는 그들의 수준이 탁월한데도 그들 자신이나 다른 사람들이 잘 모르고 넘어간다. 읽을거리들에 파묻힌 자들이 두꺼운 책들을 끝까지 따라간다면, 이들의 특성은 자신들의 생각을 극한까지 밀고 나간다는 것이다.

롱사르의 작품과 르네상스 시대 작품들의 질을 그토록 떨어뜨린 그 혼잡함 역시 독서가 가져온 해악일 것이다.

현실에 구애받지 않은 채 순전한 상상에 이끌려 하는 독서, 그것은 보바리 부인과 돈키호테를 파멸의 지경으로 이끈 바 있다. 그렇다 해도 그들의 꿈의 나라와 정의의 나라란 얼마나 고귀한가! 제정신을 차린—이성으로 돌아온—돈키호테는 자기를 미혹게 했던 책들을 불태워 버리는데, 흔히 잊혀 있거나 간과된 이 마지막 장은 읽을거리를 잘 선택하지 않으면 안 된다는 것을 말해 준다.

마지막으로, 예상치 못했을—비현실적인 만큼 난데없

는—질문 하나. 진리를 전달함에 말보다 글이 더 나은가? 근대인들은 주저 없이 그렇다고 답한다. 고대인들은 말은 날아가 버리지만 글은 남는다고 말한다. 이 표현의 의미를 이렇게 새기면 어떨까.

쓰인 것은 남는다? 물론이다. 그렇지만 법적으로 볼 때만 그렇다. 종이 위에 씌어 있는 것들은 매 순간 참조되고 또 권위를 만들어낸다.3 (그런데 사실은 그렇지 않다는 것을, 어디에 찍느냐에 따라 문장 전체의 뜻이 뒤바뀔 수도 있는 쉼표 하나를 두고 논쟁하는 저 유명한 『피가로의 결혼』 중의 한 장면이 잘 보여 준다.) 반면에 말은 후에 가서 부인해 버릴 수가 있다.(녹음을 해 두는 것도 믿을 수 없는 것이, 특별히 신경 써서 해 두지 않으면 누구의 목소리인지 혼동되기 때문이다.)

그리고 말하기 교육보다 쓰기 교육을 우위에 둔 결과 매우 뿌리 깊은 편견이 생겨났다. 사람들은 무언가를 읽고 있는 자를 '유식한' 사람으로 간주하게 되었고 철자가 실제 의미보다 더 중요해져 버렸으며 단어와 문장들은 원래 문맥에서 떨어져 나왔고 말소리의 억양은 그 역할을 상실하

---

3 "신문에 그렇게 났어요." 이 한마디면 다들 어쩌지 못한다. 만약 사진 한 장이 그걸 설명하는 글과 함께 인쇄되어 있다면 사람들은 글을 믿지, 사진은 믿지 않는다.(종종 그 설명이 사실과 다른데도 말이다.) 어느 유명 인사의 장례식을 보도하면서 우연히도 모든 신문이 똑같이, 거기에 참석한 한 인사의 사진 위에 다른 참석자의 이름을 인쇄해 놓은 적이 있었다. 몇 년이 지난 뒤에 이 불일치를 두고 뭐

게 되었다. 문자 속에 결코 갇히지 않는 정신을 문자가 질식시킨 것이다.

책은 비밀을 발가벗겨 폭로하는 불경스런 것이라고 괴테는 말한 바 있다. 그리스 로마 시대에는 쓰기 교육이 줄곧 금지되었다. 플라톤은 『제7편지』에서 그것을 경멸했다. 그가 보기에 쓰기 교육은 본질적인 진리를 전달해 내지 못하는 것이었다. 중요한 것들은 오로지 입에서 귀로만 전해질 수 있을 뿐이다. 그는, 범인들로서는 구할 길이 없는 텍스트를 중심으로 한, 족장들이나 사제들에게 한정된 종교 교육을 언급하는 데 그친 것이 아니다. 그는 글로 쓰인 것에 의해 진리가 더럽혀지는 것을 원치 않았던 것이다.

플라톤을 사로잡은 이 주제들을 다룬 저작은 지금껏 없었거니와 앞으로도 결코 나오지 않을 것이다. "거기에 대해서는 자기 스스로 배워야 한다. 그 주제들을 다른 학문에서 하듯이 무슨 공식 같은 것으로 나타낼 수는 없다. 그것들을 체험할 때 비로소 진리가 불현듯 영혼 속으로 들어올 것이다. 불씨로부터 빛이 솟아나 저절로 커가듯이."

라고들 할까? 어쨌든 활자는 믿게 만든다. (원주)

"그리고 신실한 사람이라면 중요한 문제들에 대한 자신의 생각을 대중들의 지능과 호기심에 내주는 우를 범하진 않을 것이다."

이 두 번째 말은 귀족주의적이다. 법률을 문자로 작성했다고 입법자들을 비난한 플라톤이지만 그 또한 바로 그 오류—리쿠르고스4는 이 잘못을 저지르지 않았다—를 범했다.

어쨌거나 그의 첫번째 주장은 매우 진지해 보인다……

즐거움과 유익함

독서의 부정적 측면이랄까 책이 끼칠 수 있는 해악들에 대해 여기서 주저리주저리 늘어놓을 생각은 없다. 사실 나는 책에 빚지고 있는 게 이만저만이 아니다. 나의 모든 것을 빚지고 있다고 말해야 할 것이다. 마르셀 프루스트가 빚어 놓은 이미지를 따라 나도 하나의 막연한 이미지로서만

---

4 Lycourgos. 고대 스파르타의 전설적인 입법자. 스파르타의 독특한 제도들을 만들었다고 전해지지만, 생몰연도를 알 수 없다.

제시할 수밖에 없는, 경이로웠던 내 지난날들 역시 책 읽기 덕분에 가능했다. "우리 유년의 나날들 가운데, 우리가 살지 않고 그냥 비워 보냈다고 생각하는, 그렇지만 좋아하는 책 한 권과 함께 보낸 날들만큼이나 충만하게 살아 낸 시간도 없을 것이다."[5] 이렇게 시작하는 프루스트의 페이지들을, 지난날의 감동을 기억해 내는 데서 오는 그 새삼스런, 달콤하고도 오래가는 감흥 없이 읽을 수는 없을 것이다.

행동으로 채운 삶과 상상으로 채운 삶이—후자가 훨씬 더 충만하다—서로 대립한다는 것은 어린 시절의 경우에 사실이다. 그렇지만 어른이 되고 나서도 그럴까? 내가 보기엔 그렇다. 독서는 그 매개적인 속성으로 인해 탈출일 뿐 아니라 하나의 실현이다.

그것이 탈출 혹은 도피를 가능하게 한다는 점에 대해 나쁘게 말할 수는 없다. 도서관이나 서재는 나에게도 하나의 피난처였다. 책으로 꽉 들어찬 벽들이 나를 둘러싸서 보호해 주던 그 순간 세상의 그 무엇도 나를 공격하지 못한다는 느낌을 받았었다. 저 절대적인 시간의 갉아먹음마저 거

---

5 『모작과 잡록』 중 「책 읽는 나날들」에서.(원주)

기서는 느껴지지 않았던 것이다. 우리를 배반하지 않는 유일한 행복인 그 단조로움과 함께 시간은 그저 흐르고 있을 뿐이었다.

　책 위에 하염없이 웅크린 육체이지만 언제나 불쑥 솟아오르는 호기심 탓에 나는 지나간 시대의 가장 성실한 사람들과 함께, 데카르트가 말하는 그런 대화를 시작하게 되었다. 그들은 현실의 삶이 나에게로 데리고 오는 그런 사람들이 아니라, 내가 선택한 사람들이었다. 이는 그 누구에게도 주어지지 않는, 그 무엇과도 비교할 수 없는 특권이다. (왜냐하면 거기서는 남을 지배하는 사람들마저 다른 사람들에 의해 선택되며 또 자신들을 선택한 그 사람들과의 대화에, 별반 까다로운 조건을 내세우지도 못한 채 임할 수밖에 없기 때문이다.) 그리하여 마침내 나는 그 참된 가치를 도저히 의심할 수 없는 몇몇 친구를 사귀게 된 것이다!

　데카르트가 독서를 대화라고 말한 것에 대해 프루스트는 잘못이라고 지적한다. 그에게 독서는 대화의 반대이다. 즉 무엇을 읽는다는 것은 "혼자 남은 상태에서, 다시 말해 고독 속에서만 발휘되고 대화가 시작되면 이내 사라져 버리는 그 지적 능력을 계속해서 누리는 상태에서 다른 사유와 소통하는 것"이다. 아무리 친한 사이라도 누군가와 함께 있으면 깨지기 쉬운 어떤 고취된 상태, 우리를 그 상태로 두는 것이 바로 독서이다. 그래서 독서는 우리에게 자극제가 된다. 그것은 우리를 성가신 사회적 관계로 방해하지 않으면서도 혼자 있는 상태에서 벗어나게 하며, 마치 베르길리우스를 읽은 단테가 그러했듯이 우리는 독서로 인해 새롭게 자극 받는다. 그래서 저자의 지혜가 끝나는 곳에서 우리의 깨달음이 시작되는 것이다.

    우리와 다른 것들에 대한 열정 또한 그 자체로 교육적이다. 예를 들어 민속, 특히 시골의 민속에 관해 쓴 책들을 읽는 것은 전혀 나쁘지 않다. 우리는 약간의 당혹스러움과 함께 즐거움을 느끼면서 수많은 미신들, 할머니의 이야기들, 주술적 비법들, 민간의 속담들, 지금은 시간의 어둠 너머로 그 뿌리가 사라져 버린 습관들, 그리고 이제는 이해하기 힘들게 되어 버린 관습들 등을 알게 된다. 시골의 그러한 이야기들 몇 가지를 우리는 그저 알고 있을 뿐인데, 전체적 조망, 즉 민속학자들이 사제들이나 교사들을 따라가서 조사를 하고 흩어진 사실들을 수집하여 목록을 작성하고 해서 우리에게 제시해 준 어떤 전체적인 조망에 따라 본다면 우리가 흔히 '원시인'이니 '야만인'이니 하고 불렀던 그들을 좀 더 너그럽게 이해하게 된다. 게다가 우리 프랑스의 시골 사람들도 그들보다 조금도 못할 게 없다는 것을 알게 된다.6

분별력 있게 독서를 해야 한다는 것은 분명하다. 만약 진리가 어디엔가 잘 보관되어 있다고 믿는다면, 그래서 예를 들어 도서관을 향해 발걸음을 옮기기만 하면 우리가 그것을 인식할 수 있을 것이라고 생각한다면 일은 훨씬 더 간단할 것이다! 그 옛날 르네상스 시대의 학자들이 원고들을 찾아 콘스탄티노플로 갔던 것처럼 오늘날 '근원'을 찾아 미국에서 유럽 대륙으로 건너와, 미출간 원고들뿐만 아니라 연구하려는 인물들의 삶의 행적까지 조사하고 다니며 문서를 발굴하고 유적지의 사진을 찍고서는 그토록 소중한 보

---

6 과거에 열등하다고 여겨졌던 민족들의 정신적 우월성을 인정하면 오늘날 동일한 사건들을 두고서 정반대의 결론에 이르게 되는 경우도 있다. 그 점에서 몽테뉴는 틀리지 않았다.(원주)

물들을 가득 싣고 떠나는 저 교수들을 보면 나는 경탄을 금할 수 없다.

그렇지만 처음에는 나를 감탄시켰다가 이제는 나를 질리게 하는 것이 있는데, 바로 인용들과 참고 문헌들이다. 나는 저자들의 박식함에 놀랐으며 유명인이나 전문가의 권위에 '기대지' 않고서는 그 어떤 것도 함부로 주장해서는 안 된다는 것도 알게 되었다. 물론, 인용으로 일관하는 자들을 나는 전적으로 비난만 할 수는 없다.7

그들은 우선, 자기들보다 더 많은 관심거리를 제공하는 선배들에게 향하는 확실한 길로 당신을 안내한다. 그러고는 말하자면 자신들의 삶에서 빠져나와 어떤 허명(虛名)을 얻어 내는 셈이다. 그리고 마침내 그들이 뭔가를 써야 한다면, 자기 자신의 힘만으로 쓰라면 기껏 열 페이지 남짓 될 어떤 주제를 두고 오백 페이지를 엮어 내기에 이른다. 젊은 독자들에게 이 얼마나 해로운 본보기인가! 재능이 없다면 쓰지를 말아야 할 것이며 있다면 자신의 머리에 드는 생각과 자신의 가슴에 고이는 것을 그냥 쓰면 되는 것이다.

---

7 게다가 이 비난으로부터 자유로울 자가 어디 있겠는가? 모든 작가는 다 어느 정도 인용을 한다. 단지 출처를 밝히지 않는 것뿐이다.(원주)

물론 몽테뉴와 쇼펜하우어와 같은 예외적인 경우도 있다는 것을 나는 알고 있다. 그 둘은 늘 남을 인용하지만 그로 인해 자신들의 생각들이 지워지기는커녕 오히려 더욱 독창적으로 된다. 그만큼 그들은 남들의 것에 휘둘리는 대신 남들의 것을 활용할 줄 알았던 것이다.

개성이 강한 작가들은 자신들의 읽을거리를, 다시 말해 참고 대상을 고대 작가들에게서 찾는다고 프루스트는 적고 있다. 그들은 시대의 정신의 가장 훌륭한 요소들을 자신들 속에 이미 지니고 있기 때문에 동시대인들의 저작을 굳이 읽을 필요가 없는 것이다. 게다가 그들은 지나간 언어의 표현 양식에 민감하다. 그것은 마치, 도시의 성곽이나 감옥, 탑이나 성당의 세례당 등에서 오늘날 겨우 그 흔적을 찾아볼 수 있는 사라진 건축 양식과 비슷한 것들이다.

건축이나 음악의 경우도 마찬가지겠지만, 언어의 매력은 흔히 가장 하잘것없는 것이라고 여겨지는 디테일 속에 녹아 있다. 그래서 프루스트는 이렇게 쓴다. "내 생각에 글루크의 음악이 갖는 고유한 매력은 고상한 아리아에서가 아니라 오히려 그의 레치타티보 리듬에서 잘 드러나는 것 같다. 거기에서 화음은 그의 천재성이 발현되는 소리 자체와도 같아서 특히 그것이 특별히 의도되지는 않은 어느 음정 위에 놓일 때 그 순수한 진중함과 기품이 우러나는데, 우리는 그걸 가수가 숨을 고를 때마다 느끼는 것이다." 옳은 말이다. 한 저자의 작품을, 다 읽지 않으려면 하나도 읽지 말아야 한다. 다른 것으로 대체되지 않는 그만의 가치를 이루는 것은 바로 그의 '템포'이니까.

    발레리 라르보는 "아무도 벌하지 않는 악덕…… 독서." 라고 말했다. 그는 틀렸다. 독서가 반드시 악행은 아니며, 그게 악행인 경우 처벌받기도 한다. 독서가 큰 유익을 가져다줄 수도 있으니 악덕이라고 말해선 안 된다. 이솝이 언어를 두고, 세상에서 가장 좋으면서도 가장 사악한 것이라고 말한 것과 비슷한 그 무엇이 바로 독서이다. 독서가 이로운 것이 되려면 그것이 말(대화)을 꺼려서도, 침묵을 물리쳐서도 안 된다. 우리의 정신을 다른 이들의 정신과 접속시켜 주는 일에 그 무엇도 대신할 수 없는 저 말. 「시편」의 구절들 사이에 들어가 그것들을 중단시키는, 느껴지지 않는 한순간의 짧은 공백이지만 그래도 어쨌든 중단시키는 저 침묵.

Le Sommeil   수면

딜레마

잠에 대해서 말하려니 망설여진다. 나는 잠이 부족해질까 너무 두려워서 이젠 그것에 관해 말한다는 것 자체도 위험스러워 보인다. 잠은 내가 그걸 떠올리기만 하면 이내 달아나 버리고 그 반대말에 해당하는 것이 들어와 자리 잡는다. 그렇다고 잠들어서 잠에 대해 생각할 수는 없는 노릇 아닌가.

그렇지만 반대로, 잠들어서도 깨어 있는 상태인 양 살 수는 있다. 바로 꿈을 꾸는 것이다. 거짓말하는 사람이 곧이곧대로인 사람보다 우월한 것처럼 꿈도 우월하다. 거짓말하는 사람은 자기가 말하고 있는 거짓과 자기가 감추고 있는 진실을 둘 다 동시에 알고 있다. 꿈꾸는 자 역시 잠을 자고 있으면서 자기가 깨어 있다고 믿는다. 하지만 자기가 잠자는 중이라는 걸 모르고 있으니 거짓말하는 자의 경우와 똑같다고 말할 수는 없을 것이다. 꿈을 꾸고 있거나 깨어 있거나 둘 중 하나이다.

이 양자택일의 갈림길은, 두 상태를 동시에 장악할 수 있게 하는 어떤 극한 경험을 통하지 않고서는 벗어날 수가 없다. 예컨대 장자가 서술하는 것처럼 말이다. "언젠가 나는 꿈에 나비가 되어 날고 있었다. 그리고 매우 기분이 좋아서 내가 장자라는 사실을 잊고 있었다. 문득 잠이 깨서 나는 나 자신, 장자로 되돌아왔다. 내가 나비가 된 꿈을 꾸고 있는 장자였는지 장자가 된 꿈을 꾸고 있는 나비였는지 나는 모른다."

이것은 순전히 지어낸 얘기다. '자연' 앞에서 인간을 최소화하려는 한 철학자가 생각해 낸 극단적인 경우가 아닌가? 왜냐하면, 어쨌거나 우리가 나비가 된 꿈에서 깨어났을 때 우리는 우리가 사람이라는 것을 의심하지 않으며 우리가 사람 꿈을 꾼 나비일 거라고 가정하지는 않기 때문이다. 말하자면 그 두 존재 양식에 적용되는 현실 지수(指數)가 서로 다른 것이다.

만약 그렇지 않다면 윤회설 같은 것도 매우 자연스럽게 받아들여질 것이다. 윤회설에서는 모든 존재 양식들이 말 그대로 서로 동등하다. 식물, 동물 그리고 인간은 서로 바뀔 수 있다. 그 사이에 혹 가치의 차등화를 둔다 하더라도 그건 도덕적인 배려에서 그러는 것뿐이다. 즉 차별을 둠으로써 어떤 한 존재 유형에서 착하게 살면, 보다 우월한, 다시 말해 더 신령한 존재로 다시 태어날 수 있다고 믿게 하려는 것이다. 그러나 잠과 깨어 있음 사이에는 돌이킬 수 없는 단절이 놓여 있다. 이쪽 아니면 저쪽이다. 그 무엇도 두 상태를 연결해 주지 않는다.

상위와 하위의 상태가 아니라 서로 동등한 자격의 상태들 사이에서는 어떻게 이동이 있을 수 있는가?

나는 『잃어버린 시간을 찾아서』의 첫 문장을 다시 읽는다. 프루스트의 그 거대한 오페라 전체를 열어젖히는 활시위가 되는 그 문장. 삶을 본떠 만들어졌지만 삶이 나아가는 것과는 반대 방향으로 구성된 그 작품의 열쇠가 되는 문장. 보통이라면 문을 닫기 위해 돌리는, 즉 반대 방향으로 돌려야 문이 열리는 열쇠처럼……. "오랜 기간 동안 나는 일찍 잠자리에 들었다……."

그렇지만 나는 이 문장에 오래 머물지는 않는다. 나는 계속 읽어 나간다. 자기는 눕자마자 잠들곤 했었다고 프루스트는 쓴다. 잠자면서 그는 잠들기 전 그가 읽던 것에 따라 자기 자신이, 그 작품이 그때 말하던 것, 예를 들어 어떤 성당 혹은 하나의 사중주가 된다고 상상한다. (장자의 나비에 해당하는 것일 터이다. 그러나 장자의 얘기가 갖는 무게보다는 훨씬 가벼운 것에 프루스트는 빗대고 있다.)

그러고 나서 프루스트는 깨어난다. 그렇지만 자기가 성당이나 사중주라는 믿음은 잠깐 동안 지속된다. 그는 "그 믿음이 내 이성에 어긋나지는 않았다."라고 쓴다. (나에게는 이 생각이 중요해 보인다.) "그리고 그 믿음은 나로서는 도무지 알 수 없는 어떤 것이 되기 시작했다. 마치 전생에서 했던 생각들을 통 알 수 없는 것처럼."

어떠한 것도 다 단절된다. 프루스트는 꿈에서 보던 것이 계속 머릿속에 남아 있다는 사실을 비이성적이라고 여기지는 않는다. 그렇지만 깨어나서 새로 맞이한 삶의 형식과는 너무나 모순되기에 그것이 비이성적으로 되어 가는 것이다. 더 이상 그것을 믿을 수가 없게 된다. 윤회에 대한 믿음은 거짓이다.

새로운 형태로 다시 태어난다는 것이 단지 낯선 형태의 문제가 아니라 낯선 본성의 문제라면 그것은 도대체 무엇인가? 나는 옷을 갈아입거나 상황이나 환경 등을 바꾸면서도 인격은 동일하다는 느낌을 유지할 수 있다. 그것은 과거의 제 요소가 기억이나 습관의 형태로 남아 있기 때문일 것이다. 그렇지만 한 상태에서 다른 상태로 넘어가면서 모든 것이 완전히 달라진다면 그건 순전한 소멸이 아니고 무엇이겠는가?

변화는 환경에서 발생하는 것이며 인격에서는 일어나지 않는가? 이는 우리가 소망해 마지않는 것이리라. 즉 우리의 정체성을 온전히 보전하면서 우리 주위에 있는 모든 것의 변화는 받아들인다는 것이다. 바로 그렇게, 『잠자는 숲속의 미녀』나 워싱턴 어빙의 이야기 『립 밴 윙클』에서 잠은 시간을 정지시킨다.

그렇지만 잠은 그러한 미덕을 우리가 거기에 빠져들

때마다 발휘하고 있지 않는가? 수면은 우리를 말하자면 하나의 알 속에 가둬 두는 것은 아닌가? 하지만 그러한 알 속에서의 지속은, 적어도 그것이 끝났을 때 아무것도 변할 게 없다는 점에서(물론 잠자고 있는 동안은, 특히 꿈을 꾸고 있는 경우라면 변화는 계속되겠지만) 엄밀한 의미에서의 지속이라 할 수는 없을 것이다.

그것이 연속적인 지속이든 계속되는 변모든 우리가 경험하는 바로서의 잠은, 반수면 상태나 잠들기 직전의 깨어 있는 상태로써 우리가 극복할 수 있다고 믿고 있는 저 딜레마를 결코 우리가 이겨 낼 수 있게끔 허락하지는 않는다. 건널 수 없는 강 레테는 저기 여전히 가로놓여 있는 것이다. 잠과 깨어 있음 둘 중 어느 것이 더 우위에 놓이는지 결정하기란 여전히 불가능하다.

이제 꿈꾸는 자가 아니라 깨어 있는 자 쪽으로…….

생리학에서 본 수면

생리학자들은 오랫동안 수면이 하나의 부정적인 기능이라고, 말하자면 모든 것이 잠시 정회(停會) 상태로 들어간 것이라고 믿어 왔다. 그러다가 클라파레드는 그것이 긍정적인 기능이라고 주장했는데 오늘날은 그의 견해가 받아들여지고 있는 것 같다.1

이처럼 근대적인 관점에 따르면 수면은 매우 중요한 역할을 하는데, 생명 활동의 보존과 복원이 바로 잠에 달려 있다는 것이다. 그 기능은 점점 더 긍정적인 것으로 간주되어 겨울잠의 중요성이 강조되기도 한다. 히프노스와 타나토스는 겉보기에만 쌍둥이이며 히프노스가 타나토스보다 더 우수한 보조자이다. 말하자면, 파라오의 석관(石棺) 속에 놓아둔 씨앗이 이제 바야흐로 싹을 틔울 준비가 된 것이다. 이 얼마나 멋진 복권인가! 보쉬에가 정신의 소아 단계에 결부시켜 그랬던 것처럼 수면을 더 이상 우리 금전출납부의 마이너스난에 기입해서는 안 될 것이다. 그것은 우리

---

1 우리는 이제 수면에는 두 종류가 있다는 것을 알고 있다. 고전적이라고 할 첫 번째 것은 대뇌피질에서 이루어지는데, 네 단계에 걸쳐 얕은 잠에서 깊은 잠의 순서로, 혹은 빠른 파장에서 느린 파장의 순서로 진행된다. 그리고 역설 수면이라 부르는 다섯 번째 단계는 뇌의 망상 조직에서 일어난다. 우리가 꿈을 꾸고, 깨어 있을 때 받아들인 메시지들을 축적해서 기억으로 만드는 것이 바로 이 단계이다.(원주)

삶의 근간이다.
　부활에 대한 모든 신앙들은 수면을 도약대로 보는 관점에서 비롯된다.

치유로서의 수면

　이것은 매우 오래된 방법이며 성스러운 측면과 세속적인 측면을 동시에 갖는다. 우리가 이미 잘 알고 있는바 그 세속적 측면은 요즘 들어 이론적으로 정립되고 또 실행되고 있다. 인위적 수면은 우리 몸이 힘을 회복할 수 있게 해 준다. 이러한 발상에 따르게 되면 무위(無爲)의 개념이 당당히 들어서며 또 행동 쪽으로 치우친 문명권에서는 수동성이 힘을 얻는다. 극단적으로 밀고 나가면 이는 '휴식'과 '이완' 쪽으로 경도하게 되고 급기야는 인격의 반소멸 상태에까지 이른다. 어찌 보면 이것은 동물의 동면을 모방한 것이다. 그래서 심지어는 어떤 인재의 생명을 일정 기간 동안 중지시켜

긴 동면에 들어가게 하는 것도 상상해 볼 수 있다. 그를 냉동해 두었다가 국가나 인류 혹은 단체가 그의 도움을 필요로 하는 시점에 그를 다시 녹여 깨우는 식으로…….

　　잠이 성스러운 것일 수도 있다. 그것은 에페소스의 잠자는 일곱 남자들의 경우처럼 죽음이 데려갈 뻔했던 자들을 구해 낸다. 또 잠들었을 때가 아니면 에피다우로스의 의신(醫神) 아스클레피오스의 방문을 받을 수 없다. 혹은 성모의 영면에서 보듯 잠은 삶의 단순하고도 감동적인 연장이기도 하다. 어느 것이 되었건 수면을 통하지 않고서는 이룰 수 없는 것들이다.

　　그렇지만 아직 잠의 내재적인 가치가 밝혀진 것은 아니다. 수면은 기껏, 깨어남을 위한 준비 기간일 뿐인가?

우주로서의 수면

　　결국 그 모든 질문들은 이 하나로 귀결된다. 수면에 플

러스 기호를 붙일 것인가 아니면 마이너스 기호를 붙인 것인가……?

서양인들에게는 답이 이미 나와 있다. 잠은 깨어 있음에 결코 미치지 못한다는 것이다. 설사 잠이 긍정적인 가치를 갖는다 하더라도 그건 깨어 있음이 갖는 것보다 훨씬 열등한 것이다.

동양의 가르침은 ─ 브라만 전통의 베단타 교리나 불교에서의 마하야나 교리만 보더라도 알 수 있는 것이지만 ─ 잠을 우위에 둔다. 수면은 근원으로의 회귀가 보여 주는 저 '단순함'이 가장 완벽하게 실현되는 상태이다. 예를 들면 어머니의 삶과 결코 분리되지 않는 삶을 영위하는 자궁 속의 인간, 혹은 도스토옙스키가 말하는 백치나 니콜라우스 폰 쿠에스2의 백치, 이들은 단순한 개인들이지만 공통점이 있으니, 그들은 마침내는 그 누구도 아니게 된다는 점이다.

이는 우리에게 낯설 뿐만 아니라 꿈속에서조차 행동적인 우리로서는 다다르지 못할 이상이다. 과연 진실은 어느 쪽에 있는가? 칼데론은 서양인들 중 유일하게 그 물음에

---

2 Nikolaus von Kues(1401~1464). 중세 독일의 신학자.

대답하길 머뭇거렸다.3

　우리는 이러한 전도에 좀 익숙해질 필요가 있다. 중국에서는 노년기가 청년기보다 질적으로 우월하다고 여겨졌다. 사람은 예순이 넘어야 삶을 제대로 살기 시작한다는 것이었다. 도가(道家)의 사상가들에게는 청년기가 탕진의 시기라면 노년기는 삶의 축적기였다. 그들은 자기의 숨결을 아끼고 생명력을 비축해 나감으로써 불로장생에 이를 수도 있다고 믿었다! 우리는 정반대 편에 서 왔다. 삶은 짧고 죽음은 언제나 미리 찾아온다. 그것도 매우 빠른 속도로.(속도야말로 젊음의 상징이다.)

　이처럼 서로 다른 두 관점 사이에서 결정을 내릴 수 있을까? 그리스적 이상과 중국적 이상 사이에서?

　또 다른 하나의 꽤나 낭만적인 발상도 있었다.

　태양을 향한 사랑, 삶을 향한 애정은 역설적이게도 '행복한 죽음'을—이는 젊은 시절의 카뮈가 쓴 어떤 글의 제목이기도 하다—찬양하도록 이끌었다.

　행복한 죽음, 그것은 가장 고양된 순간에 이루어지는,

3　『인생은 잠』에서.(원주)

삶의 소멸이다. 은혜로운 그 순간에 이르면, 삶이 지속되어 봤자 더 이상 기대할 게 없다고 믿게 된다. 심지어는, 삶을 지속하면 자신의 힘만 소진되며 악운이 다시 찾아올 뿐이라고 생각하는 것이다. 이렇게 보면 인간이 죽음에 대한 욕망을 갖는 것은 잠들기 위해서가 아니라(죽음을 생각하는 그에게 잠이란 기껏 허무 속으로 미끄러져 들어가는 것 아니면 비겁한 도피일 뿐이리라.) 오히려 그 무엇도 넘어설 수 없는 삶의 정점에 머물러 있기 위해서다. 그러한 죽음은, 비록 개인적 행복의 향유보다 더 숭고한 어떤 대의를 위한 희생은 못 된다 할지라도, 자못 '영웅적'이다. 불꽃이 꺼지는 것은 다시 한번 힘차게 타오르기 위해서라는 사실을 자라투스트라는 받아들인다. 또한 그는 그것을 다행스러워한다.

의연한 수면

몽테뉴가 수면에 대해 말하는 것은, 위대한 인물들이

매우 중요한 일을 앞둔 날 밤, 잠을 자면서 보여 준 침착함에 대해 말하기 위해서이다. 그는 그들이 "조금도 흐트러지지 않고 온전한 평정을 유지하는 것"을 칭송해 마지않는다. 알렉산더 대왕은 다리우스와의 운명의 일전을 앞두고 얼마나 깊이 잠들었는지 아침에 그를 깨우지 않으면 안 될 정도였다. 다음 날 자살하려고 마음먹은 게르만의 오토 대제와 카토 같은 사람들의 경우 밤새도록 코 고는 소리가 들릴 정도로 잘 잤다. 폼페이우스와의 해전을 앞둔 아우구스투스와 술라와의 전투를 앞둔 마리우스 역시 너무나 깊게 잠들어서 잠을 깨고 나서야 전자는 자신의 승리를, 후자는 자신의 패배를 전해 들었다.

고대 역사에서 근대의 소설로 넘어오면, 『몬테크리스토 백작』의 알베르 드 모르세르가 이 같은 대담성을 보여 준다. 로마의 한 강도 두목에게 붙잡혀, 다음 날 아침 6시까지 몸값으로 4000피아스터가 지불되지 않으면 처형당할 위기에 놓인 그는 자신의 운명이 그토록 불확실한데도 불구하고 깊이 잠든다. 게다가 한술 더 떠서, 한밤중에 자신의 석방 소식을 알리려고 깨우자 벌컥 화를 내면서 두목에게 말한다. "앞으로는 나폴레옹 대제의 유명한 말을 명심하시오. '나쁜 소식이 아니면 나를 깨우지 말라.'" 두목은 어이가 없어 할 말을 잃었으며 돈을 가져온 친구는 알베르가 그처럼 훌륭하게 고국의 명예를 지켜 낸 것에 매우 기뻐한다.

세속의 수면

오비디우스가 '잠'의 궁전을 묘사한다.4 꿈의 왕은 깊은 산 기슭 어느 동굴에 살고 있다. 거기에는 결코 햇볕이 드는 법이 없으며 자욱한 안개만 뿜어 나온다. 수탉도 개도 없으며 거위들—이 녀석들은 개들보다 더욱 '깨어 있다'—도 없다. 그리고 잎사귀가 바람에 살랑거릴지도 모르는 일이기에 나무도 없다. 사방에 휴식이 침묵과 함께 깃들어 있다. 다만 바위 밑으로 망각의 시냇물이 흘러나오기는 하지만, 작은 조약돌 위로 흐르면서 내는 졸졸거리는 물소리는

---

4 『변신』 제11권의 열 번째 우화에서. (원주)

오히려 자장가처럼 들린다. 동굴 앞에는 양귀비들과 수많은 풀들이 자라고 있는데 거기에서 나오는 달콤한 즙액으로 '밤'은 세상을 달래어 가라앉힌다. 돌쩌귀에서 삐걱거리는 소리가 날까 봐 대문도 없으며 문지기도 없다. 방 한가운데 흑단으로 짠 침대가 깃털 이불로 덮여 있으며 마치 목재로 짠 듯한 커튼이 침대 주위를 돌아가며 쳐져 있다. 바로 그곳에 '잠'이 쉬고 있으며 그 주위로 '사물의 헛된 이미지들'인 '꿈들'이 함께 머무른다. 그 꿈들은 여기저기 누워 있는데 그 수는 들판의 밀알만큼이나, 숲속의 나뭇잎만큼이나, 바닷가의 모래알만큼이나 많다.

그리고 신들의 전령인 이리스가 와서 그에게 속삭인다.

휴식의 아버지 '잠'이여,
신들 중에 가장 평화롭고 가장 고요한 신, '잠'이여,
고뇌에 찬 영혼들을 치유하는 온화한 의사인 '잠'이여,
마음을 갉아먹는 근심을 그대는 결코 받아들이지 않으며,
낮 동안의 노동에 지친 육신들에게 원기를 되살려 주는구나,

그들이 다음 날에도 힘든 일상을 이어 나갈 수 있도록.

기독교에서의 수면

꿈은 허용된다. 그렇지만 그것으로 점을 치는 것은 금지된다.

성과 속 사이에는 분명한 단절이 있다. 오직 성서와 그 해석들만 받아들여진다.

잠은 과대평가되지도 그렇다고 과소평가되지도 않는다. 즉 수면은 힘의 회복에 필수적인 휴지(休止)일 뿐이다. 그 이상도 이하도 아니다.

특별한 경우가 하나 있기는 한데 '성모 영면'이 바로 그것이다. 동정녀 또한 그리스도처럼 부활하기 때문이다. 그렇지만 '성모 승천'은 그리스도의 '부활'과는 다르다. 마리아는 정말로 죽었던 것일까, 아니면 영광스런 삶으로 다시 태어나기 위해 잠이 들었던 것일까? 이 점에서는 교회 안에서도 견해가 엇갈린다. 7세기 이래로 서양에서 지켜 온 그 축일은 '영면'이 아니라 '승천'으로 불렸다.

중세의 외전(外典)들 중 『마리아의 복된 승천』이라는 한 이야기는 여러 단계로 구분되어 있다. 즉 죽음, 휴식, 매장, 육체의 승천, 낙원에의 도달 등이 그것들이다.

기독교의 수면은 모든 면에서 '의연한 잠'과는 다르다. 그것은 깨어나리라는 믿음으로 가득 차 있는 잠이다. 그러니까 태평스런 무관심의 상태가 아닌 것이다. 이 땅에서 혹 깨어나지 못하더라도 저 높은 곳에서는 깨어날 것이라 믿는다. 그러니 잠이 명징한 의식 상태가 아니라고 해서 혐오스럽게 여겨지지는 않는다. 간단히 말하자면 기독교의 잠은 깨어 있음과의 관계에서 볼 때, 그리스적인 균형 상태보다는 훨씬 더 취약하다. 하지만 그래도 그것은 서양의 근대인들이 부정하고 동양인들이 찬미한 잠보다는 그리스적인 잠 쪽에 더 가깝다. 약속들로 충만한 수면이다. 그 사실은 『성인 열전』에 잘 드러난다. 예수 또한 나인성의 과부에게 "네 아들은 잠들었을 뿐이니라."라고 말하지 않았던가.

○

 신앙을 간직한 채 죽은 자를 두고 흔히 "그는 주님의 품 안에 잠들었도다."라고들 말한다.
 죽음이란 다른 세상으로 건너가기, 혹은 돌아가기에 다름 아니다. 그리고 수면은, 설사 영원한 것이라 할지라도, 영원한 안식의 형상화이므로 거기에 결코 해로운 것은 없다. 잠자는 기독교인은 그저 기다리기만 하면 되는 것이다. 망각이 그의 목적이 아니므로 수면이 치유의 한 방법인 것은 아니다. 그가 추구하는 것은 용서, 즉 죄의 사면이다. 그리고 잠은 지은 죄의 기억을 완화할 수는 있을지 몰라도 그것을 씻어 내지는 못한다. 그래서 그리스도가 감람산에 올라 고뇌에 찬 기도를 하는 동안은 "잠들어서는 안 된다".
 그러므로 수면은, 예컨대 다음 날 다시 일을 시작할 수 있게 해 준다든지 하는, 일정한 조건 하에서만 가치 있는 것이다. 혹시라도 그것이 신과의 교감을 유지하는 데 장애물로 작용한다면 그것은 오히려 쓸모없는 것이 된다.

온전한 생활은 그래서 하루 중 잠들어 있는 시간을 줄여 나가는 생활일 것이다. 깨어 있는 시간이 잠들어 있는 시간에 비해 어느 정도로 월등히 많은지 하루 일과표를 보면 알 수 있는 저 수도사들의 생활이 그것이리라. 그래서 균형은 깨어지고 하루 중의 노른자위는 신이 차지한다. 신은 수면 시간을 줄이는 데 그치지 않는다. 심지어 잠을 중단시키기까지 한다. 한참 잠에 빠져 있던 한밤중에 일어나서 기도하고 노래 부르는 일은 수련 가운데 가장 고통스러운 것이리라. 만약 기쁜 마음으로 그렇게 한다면 그리 고통스럽지는 않을 것이다. 어쨌든 수면을 흔드는 것은 생활의 축을 뒤흔드는 일이다.

입문식 전날에도 잠을 재우지 않는다. 그렇지만 이 경우 철야는 통과 의례이다. 그것은 영광이 아니라 희생이다. 즉, 영광으로 향하고 있으나 아직은 영광에 도달하지 못한 하나의 희생이다.

그 어떤 경우든, 내세의 삶을 위해 현세의 삶은 매우 중요한 것이어서 항상 깨어 있어 경계를 늦추지 않는 것은 지당한 일이다. "내 몸은 잠들었으나 마음은 깨어 있도다."5 기독교는 아편과도 같아서 이 땅에서의 삶에 관심을 두지 않는다는 것은 틀린 말이다. 영원히 계속될 내세에서 각자가 살게 될 삶의 운명이 지금의 행위 하나하나에 의해 결정된다는 교리를 두고서 그렇게 말할 수는 없으리라.

밤의 삶

잠을 제쳐 두고 밤을 말하기는 어렵다. 그 둘은 언제나 결합되어 있다. 그렇지만 축제는 무엇보다도 밤의 몫이다. 일상생활의 틀을 깨트리는 바로 그때에 축제는 정점에 도달하는데, 일상이 상투적인 것은 그것이 낮의 활동이기 때문이다. 물론 밤의 삶이 꼭 축제와 같은 것은 아니다. 그 점은 야경꾼들이 잘 알 것이다. 그러나 밤은 쾌락을 위한, 그것도 금지된 쾌락을 위한 시간이다. 위반을 위해서는 밤이 유리하다. 대중 무도회의 주최측은 언제나 "새벽까지 춤출

5 『그리스도를 본받기』에서.(원주)

수 있습니다."라고 약속한다. 굳이 말하지 않아도 사람들은 당연히 그럴 것이라 기대한다. 이름뿐인 축제로 끝나지 않기 위해서는 모두가 밤을 새워야만 한다는 것을 다들 잘 알고 있다. 그래야만 불가능해 보이는 것들도 실현될 것이다.

환상에 의해서, 다시 말해 상상의 힘에 의해서는 불가능한 것도 현실로 이루어진다. 그렇지 않고서야 어떻게 『천일야화』의 마력을 이해할 수 있겠는가? 잠으로부터 시간을 빼앗아 오는 만큼 미지의 세계를 정복하는 것이다. 아마도 그건 인간만이 이해할 수 있을 것이다. 동물은 야행성이거나 주행성이거나 둘 중 하나다. 그리고 어느 쪽이 됐든 정상이다. 하지만 그러한 구분이 발정기에도 여전히 유효할까?

의도적으로 잠을 줄이는 것은 기분 좋은 일이지만, 어쩔 수 없이 잠을 못 자게 되면 고통스러워진다. 그리고 그것이 강요된 경우에는 하나의 고문이다. 옥타브 미르보는 이에 대해 깜짝 놀랄 만한 묘사를 했는데, 그 원래의 목적을 지나쳐 버린 나머지 결국 제대로 되지 못했다.6

---

6 『형벌의 정원』에서.(원주)

밤이 되면 사물들이 결과적으로 우리의 자유를 드러내 주는 또 다른 차원을 갖게 되는 것은 어쩐 일인가? 자연의 빛이 낮 동안에는 우리에게 기껏 어둠을 찾아 선택할 수 있는 자유만을 주는 반면, 밤이 되면 그 빛이 오히려 우리가 더 잘 보려고 하는 것을 환하게 비추어 주기 때문일까? 태양 아래에서 우리는 우리의 자리를 선택하는 데 그치지만, 밤이 되면 우리는 그것을 창조해 낼 수가 있는 것이다.

어떤 여행가가 폴리네시아의 아름다움에 대해 말하면서 다음과 같이 덧붙였는데, 나로서는 처음 듣는 말이었다. "유럽 사람이 거기에서 살기는 힘들어요. 밤 생활이라는 게 없거든요." 전기가 들어오지 않는다는 뜻이었다. 예기치 못한, 언뜻 들으면 피상적인 것으로 들리는 이 생각은 그러나 도시와 도시의 불빛의 중요성을, 그리고 우리네와 같은 문명에서의, 예컨대 뉴욕의 그 비할 데 없는 휘황찬란함을 나에게 처음으로 일깨워 주었다. 우리는 그것을 피해 다른 곳으로 달아나기도 하지만 그것 없이는 살 수 없다.

밤의 삶이라고? 그렇다, 단 그것이 낮과 같다는 조건

에서.

　한 친구가 나의 집에서 묵게 되었는데 우연히 나는 그가 밤새도록 머리맡 전등을 켜 둔 채 잠을 잔다는 것을 알게 되었다. 좀스럽다고 여겨질까 봐 나는 아무 말도 하지 않았다. 그러고는 책을 읽다가 잠들었거나 아니면 깜빡 잊고 곯아떨어진 나머지 불을 끄지 않았으려니 했다. 그러다가 마침내 나는 그가 밤을 두려워한다는 사실을 알게 되었다. 그에게는 사람이 밝히는 불빛이 밤새 꺼져 버리는 의식을 대신해 주었으며 또한 시간을 낮에서 다음 낮으로 곧바로 이어 주는 것이었다.

　밤의 삶에 그 절정의 영예를 가져다준 것은 바로 낭만주의이다. 즉 그것은 다름 아니라 결코 단절되지 않으려는, 무엇보다도 우리에게 비밀을 드러내 주는 하나의 축연이다. 그 비밀이란, 대낮에는 산산조각 나 있던 삼라만상의 하나 됨, 바로 그것이다. 애초에 인간에게는 '자연'과 교감할 수 있는 내밀한 감각이 있었을 것이나 지금은 매우 드물게 찾아오는 어떤 시적인 황홀경을 통해서만 인간은 자기 밖으로 나올 수 있다. 그래서 많은 낭만주의자들에게 시는 종교를 대신해 주었다. 이처럼 인간은 잃어버린 우주의 통일성을 되찾으려 하며, 태양에 속하는 깨어 있음과는 달리 대지(大地)에 그 뿌리를 두고 있는 잠을 통해 거기에 도달할 수 있다. 우리가 생각하는 것처럼 아마도 꿈은 그 개인석 발현이 아닐까? 그리고 우리 모두를 하나로 만들어 주는 거대한 대기(大氣) 속에 우리가 잠길 수 있게 해 주는 것이 꿈이라면, 모두를 서로 갈라지게 만드는 건 깨어 있음이 아닐까?

　이러한 점에서, 역사를 꿈의 집합에 견주고 어느 한 시대에 걸쳐 인간들이 꾼 꿈을 한데 모을 수만 있다면 바로 거기에서 그 시대 정신의 정확한 모습이 떠오를 것이라 생각한 헤겔에게 일리가 있다 할 것이다. 꿈이란 쓸모없는 복권 한 장에 지나지 않는다고 여긴 괴테의 생각과는 사뭇 다른 것 같기도 하다…….

　아니, 크게 다르지 않을 것이다. 인간들의 한 시대가

갖는 이념이라는 게 다 뭔가? 사람들이 꿈을 꾸지 않고 잠 자는 시대가 꿈을 꾸면서 자는 시대만큼, 더 이상은 아니더 라도, 가치가 없단 말인가? 야곱의 사다리7를 꿈꿀 게 아니 라면 인간에게 꿈 없는 잠이야말로 불행에 대비한 가장 확 실한 피난처가 아닌가?

7 성서의 창세기 28장에 나오는 바, 하느님이 있는 곳까지 다다르는, 야곱이 꿈에 본 사다리.

La Solitude   고독

"나는 혼자다." 이 말은 무엇을 뜻하는가? 함께 있을 존재가 없다는 말이다. 그런데 어떤 존재 말인가? 사람이 없다는 말인가? 나는 내 동포들로부터 혹은 가족들로부터 그리고 드문 일이지만 일체의 인간들로부터 단절되어 있을 수 있다. 그렇지만 그럴 때라도 내 주위엔 무언가 살아 있는 존재들이 있어 나와 함께한다. 거기에는 이미 나와 친숙한 동물들만 있는 것이 아니라, 우리들의 본성과 아무리 다르게, 우리의 존재에 아무리 적대적으로 보인다 할지라도 점차 우리와 가까워질 수 있는 동물들도 포함될 것이다. 감옥에 갇힌 실비오 펠리코[1]는 거미 한 마리를 길들이고, 발자크의 소설 『사막에서의 정열』에서 암사자는 그의 주인과 사랑에 빠진다. 그뿐이랴, 숲, 바다, 산도 우리 곁에 있다. 결코 우리는 혼자가 될 수 없다.

우리가 외롭다면, 우리 눈앞에 있어서 고독감을 사라지게 해 줄 어떤 존재 혹은 존재들에 대해서 그런 것이며, 바로 그 존재가 지금 부재하기 때문에 그런 것이다. 그것뿐이다! 그러니까 우리는 우리가 고독한 존재라는 것을 모르

---

1 Silvio Pellico(1789~1854). 이탈리아의 시인.

고 있었던 것이다. 그 앎은 우리가 갖지 못한 특권과도 같은 것인데, 모든 특권이 그렇듯이 이 또한 예외와 배제로써 성립되어 있다. 우리는 그저 공평하기만을 요구해 왔던 것이다.

고립과 고독

　고립과 고독, 혹은 떨어져 있음과 외로움은 구분되어야 한다.
　고립은 일시적이며 상대적이다. 망명객이나 죄수는 격리되어 있다. 그런 시련을 겪어 보지 못한 자들이 흔히 그러리라 여기는 것과는 달리, 고립된 자—다시 말해 자기 의지와는 반대로 혼자 된 자—는 결코 계속해서 고립된 채 남아 있지는 않는다. 그는 낯선 땅의 사람들과, 혹은 간수들과, 아니면 그 불행의 동반자들과 교류하기 시작한다. 그를 둘러싸고 새로운 사회가 형성되며 그 구성원들 간의 유대는, 자유로운 선택에 의한 관계라기보다는 필요에 따른 것이니만큼, 훨씬 더 공고하다. 그렇게 만들어지는 유대 관계는 밖으로 가지를 치게 된다. 발자크 소설 속의 보트랭은 감옥에 있을 때건 나와 있을 때건 언제나 가장 강력한 관계망을 소유한 사나이다.2

반대로 고독은 본질적이며 결정적이다. 그것은 모든 개인의 근원적인 성향이다. 낭만주의 시대와 같은 어떤 특정한 시기에는 고독은 대중적으로 내세워진다. 그럴 때면 그것은 과도하게 표현되어서, 그 진실성이 의심받기도 한다. 사제 랑세는 사막 한가운데 있으면서도 자기가 고독하다고 소리 높여 하소연하지 않았다. 그렇지만 샤토브리앙은 그와는 다른 상황에서도 그렇게 했다. 진정한 고독은 말이 없다.

고립은 그것이 강요된 것이라는 점에서 고독과 다르긴 하지만 때로 고독으로 이어지기도 한다. 오랫동안 갇혀 있다가 풀려난 자는 다시 얻은 자유를 어떻게 해야 할지 모르게 된다. 사람마다 다르긴 하겠지만, 묶인 채로 일정 기간

---

2 어느 의미에서 그는 고립되어 있다. 자기가 원래 있던 환경 속에 있지 않을 때, 그래서 결과적으로 극소수파의 일원으로 있을 때 그는 마치 평신도들 가운데 있는 사제 같으며 민간인들 가운데 있는 관리와도 같다.(원주)

이 경과하면서 그는 사슬에 너무나 길들여진 나머지 더 이상 주도적으로 행동하지 못하게 되고, 결국 자신이 돌이킬 수 없이 혼자라고 느끼는 것이다. 우리는 우리의 존재 조건에 대해서 거기에 덧입혀진 모든 것이 발가벗겨지기 전까지는 의식하지 못한다. 모든 것을 잃고 난 후에야 우리는 결정적인 탈출이란 없으며 인간의 고독은 어쩔 수 없느 것임을 이해하게 된다. 그것은 낭만적인 감정이 아니라 보편적인 인간의 감정인 것이다.

고독의 단계들

그런데 우리가 절대 고독에는 다다르지 못하는 것은 어쩐 일인가? 우리가 우리 자신을 사회로부터 결코 격리할 수 없기 때문에 그런 것은 아니다. 예컨대 사드는 절대 고독에 도달하기 위해 바스티유의 독방에 스스로를 가두지 않으면 안 되었다. 거기서 그는 간수들로부터 방해받지 않으려고 빗장을 지르고서 자신에게 강요된 고립을 의도적인 고독으로 심화했다. 그는 왜 그토록 혼자 있으려 했을까? 그것은 언젠가는 공개될 어떤 사유를 남몰래 표현해 내기 위해서 그리고 그것을 바깥세상으로 내보낼 출구를 은밀히 확보하기 위해서였다. 담배 마는 종이 같은 얇은 종이에 쓴 원고를 그는 머리핀에 돌돌 말아서 자기 가발 속에 숨겼던 것이다. 자신의 원고가 독자를 만날 수 있게 하려고 그는 얼마나 치밀하게 행동했던가! 지금의 삶이야 황량하기 짝이 없지만 그의 고독은 미래에는 얼마나 붐빌 것인가!

    몽테뉴가 그의 '서재'로 돌아가 홀로 칩거한 것은 고대인들과 함께 살기 위함이었으며 동시에 죽은 후에도 살아남아 그의 후세들과 함께 살기 위함이었다.

    관직에서 물러난 마키아벨리가 피렌체 근교 그의 별장에서 세상과 담쌓고 살 때에도 그는 아침이면 마당의 샘과 닭장 근처에 앉아 시를 읽는 일을 잊지 않았다. 그리고 그의 말에 따르면 저녁에는 그의 '글' 속에서 역사 속의 인물들과 대화를 나누었는데, 그들은 매우 친절하여 마키아벨리는 그들에게 말을 걸고 또 그들이 했던 행위의 이유를 주저 없이 물어볼 수 있었다고 한다. 그러면 온정에 넘치는 그들은 그에게 대답해 주기를 마다하지 않았는데, 그러는 저녁 네 시간 동안 그는 조금도 지루하지 않았으며 오히려 자신의 모든 근심과 가난과 죽음의 공포마저도 잊을 수 있었다는 것이다. "나는 이 사람들 가운데로 고스란히 옮겨 간다."

이처럼 '영감에 고취된' 사람이란 곧 벨로스구아르도(이곳도 피렌체 근방에 있다.)의 한 카지노 현관 위에 새겨진 "고독 속에 충만이 있도다."라는 충고를 따르는 사람이라는 생각이 든다.

그는 고독을 아파하는 대신에 그것을 채우기 위해 오히려 그것을 추구한다.

보상 심리

몽테뉴나 마키아벨리처럼 여러 가지 일에 능하며 또 그 사실을 증명해 보여 준 사람들은 자신들의 안식처를, 이미 이 땅에서 사라져 버린 자들이 지금 머물고 있는 고독이라는 공간에서 찾는다. 한편 고독을 달래 줄 사람이 없는 이들은 동물이나 식물 혹은 광물에 매달린다. 루소는 협죽도 한 송이에 마음이 움직여 애틋한 마음으로 그 표본을 만든다. 이럴 경우 대개 사람을 멀리하려는 마음이 큰 만큼 그 대상과의 친화력은 강해진다. 사람마다 그 무엇엔가 쏟아부을 정(情)의 총량은 일정하게 정해져 있음이 틀림없다. 그렇지 않다면 저 많은 도둑고양이나 길 잃은 개들은 어떻게 되겠는가? 자신의 동종(同種)에게는 그렇게도 모질게 대했던 폴 레오토는 그의 암원숭이와 다른 동물들을 향해서는 끝없는 애정을 쏟았다.

또한 가까이 있는 사람은 견디지 못하면서 잘 모르는 사람들을 향해서는 사랑이 넘쳐 날 수도 있다. 디킨스는 아프리카 어린이들을 위해 선행을 베풀면서도 자기 아이들에게는 먹을 것조차 주지 않는 한 부인을 그리고 있다. 모르는 사람들에 대해 우리가 보여 주는 아량과 억압받는 사람들을 보고 우리가 느끼는 연민은 실상 많은 경우 하나의 알리바이에 지나지 않는다. 멀리 있는 자들을 향한 사랑으로 양심을 편안하게 만들기는 쉬운 노릇이다.

> 어떻게 그리고 누구와 함께
> 자기 밖으로 나갈 것인가

타인과의 관계에서 가장 큰 문제는 언어, 즉 소통 가능성의 문제이다. 물론 엄밀히 말하자면 우리는 굳이 말하지 않고, 주위에 있는 것들을 보고 듣기만 할 수도 있을 것이다. 하지만 그것은 견디기 힘들다. 비니는 에바와 여행하면서 단지 저 '위대한 말없는 풍경들'을 그에게 보여 주기만 하려 했다. 하지만 그는 그걸 끝까지 감내하지는 못한다.

눈짓으로 그녀에게 묻고 "당신의 눈이 그렇다고 말할 때 그 것들은 아름다운 것 같군요."라는 그녀의 대답에 동의를 나타낸다.

사랑하는 사람과 혹은 친구와 서로의 생각과 느낌을 주고받을 수 있다는 것은 단지 기분 좋은 일만은 아니다. 타자라고 했을 때, 그것은 거울이거나 메아리일 수도 있다. 그렇지만 말은(혹은 시선이라도 좋다.) 우리가 우리 자신을 정의할 수 있게 해 준다. 그것은 우리로 하여금 대상(對象)의 신분에서 주체의 신분으로 넘어가게 한다. 본질적 고독은 대상의 고독이다. 왜냐하면 대상은 주위에 다른 것들이 아무리 많아 봐야(마치 벽이 책들로 둘러싸이고 포도나무를 올리브나무에 접목했을 때처럼) 말의 가장 깊은 의미에서 혼자이다. 마찬가지로 사람도 말을 줄이고 다른 사람과 소통하지 않는다면 그만큼 그는 돌을 닮아 가는 것이다. 고독에는 침묵이 동반한다.

자기 여행에 동행하지 않겠느냐고 묻는 러시아 시인 주콥스키에게 낭만주의 화가 카스파어 다비트 프리드리히는 이렇게 대답한다. "나를 곁에 두고 싶어 하시는군요. 그렇지만 함께 간다 해도 당신의 맘에 드는 그런 나는 옆에 없을 겁니다. 주위의 자연을 주의 깊게 바라보고 그것을 온전히 소유하려면 나는 혼자여야 하고 또 내가 혼자란 사실을 알고 있어야 하니까요. 내가 나이기 위해 나는 나를 둘러싸는 것들에 나 자신을 내맡겨야 하며 구름과 바위와도 하나가 되어야 한답니다."

혼자 있음으로 프리드리히가 하나의 대상이 되어 간다는 점을 생각할 때, 그 대답은 뜻밖이다. 그가 구름과 바위와 일체가 되고 그리하여 마침내 그 자신이 되는 것이 오히려 바로 그가 대상이 될 때라는 것이다. 그렇게 된다면 그는 인간이 아닌가? 언어의 거부가 그 자신에게 그 사실을 드러내는가? 그래서 '자기 자신'은 이제 하나의 사물인가? 아니다. 그는 사물들과 소통하기 때문이다. 모든 소통은 흔히 '인격'이라 부르는 것들을 전제한다. 그게 아니라면 거기에는 병렬이나 얽힘 혹은 상호 침투는 있을지언정 결코 주고받음은 없을 것이다. 이 주고받음은 결국 한 인격을 다른 인격 속으로 이동시켜서 그 인격은 자신이 아니라 타자 속에서 살게 된다. 사람들이 사랑이라 부르는 것이 바로 이것이다. 자기 삶의 근간을 자기가 아니라 타자에게 두는 이른바, 자기로부터의 탈출이다.

자기와 비슷한 타인 속으로가 아니라 자기와 아무런 공통점도 없는 사물 속으로 들어가 자신을 잊으려는 프리드리히의 이러한 역설적 사유를 잘 보여 주는 중국의 전설들이 있다. 가령 바위를 그리는 한 화가가 있었는데 얼마나 신명을 바쳐 그렸는지 그림이 완성되었을 때 그의 몸은 실체를 잃은 껍데기가 되었다. 그러자 그림 속의 바위가 열리더니 그 속으로 사라졌다는 것이다. 이러한 심연의 부름은 어딘지 모르게 모성적이다. 즉 자기를 배태한 존재와 아직 하나를 이루고 있는 태아, 그 원초적 삶의 형태로의 회귀인 것이다.

그러므로 이 또한 아직 절대적인 고독은 아니다.

인간은 절대 고독을, 자신이 거기에서 벗어나서 '타인'이 아닌 자신의 '분신'을 되찾는다고 믿을 때에서야 의식할 수 있다. 고인 물과 같은 자연의 거울에 이어 인간이 만든 거울은 인간에게 자기 자신의 모습만을 보여 준다. 그렇지만 이때에도 여전히 인간은 타인의 시선으로 자기 모습을 들여다본다. 그에 반해 메아리는 절망적이다. 그것은 당신을 당신 자신에게로 돌려보낸다. 자발적으로 말하고 있는 것처럼 여겨지는 어떤 존재가 당신의 목소리를 되풀이하는 것은 예기치 못한 것인 만큼 더욱 절망적이다. 누군가가 뒤에서 "가련한 로빈슨!" 하고 부르는 소리를 갑자기 들었을 때 로빈슨 크루소는 처음에는 그 이상 반가울 수 없었다. 하지만 곧 그는 자기가 이전에 자기 운명을 큰 소리로 한탄하는 것을 들었던 앵무새가 따라 한 소리라는 것을 알게 된다. 로빈슨은 순간적으로 고독을(표류하다 떠밀려 온 그의 배의 잔해에는 인간의 산물인 많은 연장들과 자재들, 그리고 신의 말씀인 성서가 들어 있었던 만큼 그것은 물론 상대적인 고독이다.) 벗어난다고 생각했지만 결국, 훗날 방드르디를 만나게 되기 전까지는 벗어나지 못하는 것이다.

고독의 표현들

　예술도 절대 고독을 표현해 내지는 못한다.『고독에 대하여』라는 저작을 쓴 18세기 말의 치머만이라는 작가는 인간이 사회 속에서 살게끔 태어났다는 것을 인정하며, 온전한 자연 상태로 살 수 있게 그리고 연구에 계속 몰두할 수 있게 해 주는 고독의 이점들을 부각시킬 따름이다. 그는 은자(隱者)들의 고독을 비난한다. 종교와는 무관한 그의 고독은, 타인의 존재를 인정하고 있으며 또 단지 사람들이 접근하지 못하는 생활을 목적으로 할 뿐이라는 점에서 절대적인 것이 아니다.
　고독이란 감정이 서구 문학 속에 스며들기 위해 18세기까지 기다려야만 했다는 것은 신기한 일이다. 어찌 되었든 그 시대에 와서야 고독의 표현이 자연에 대한 감정 표현과 결합되었다. 18세기 중반의 작가 드 티봉빌은 "밤의 정적은 내가 이전까지는 전혀 알지 못했던 종류의 행복을 알게 해 주었다……."라고 쓰며, 루소는 "사막에서 혼자 사는 것이 사람들 사이에서 혼자 사는 것보다 훨씬 덜 힘들다."라고 쓴다. 라몽, 레오나르, 퐁타네, 루이젤 드 트레오가트 등은 운문으로 혹은 산문으로 침묵에 동반한 고독을 찬미했다.

17세기 초 이른바 '기교파'로 불렸던 공고라가 '고독'이라는 이름을 시집에 붙였을 때 그는, 복잡하고 소란스런 도시로부터 멀리 떨어진 시골에서의 생활과 동의어로 고독이 받아들여지는 전원 문학의 장르 안에서 썼다. 하지만 그렇다고 해서 그가 이상화된 등장인물들이 넘쳐 나는 시골 축제나 낚시 혹은 사냥 장면을 묘사하지 않은 것은 아니었다.

인간 관계의 부재를 형상화할 때는 언제나 고독의 상징들과 알레고리들이 추구된다. 몽테뉴의 탑, 채터턴의 다락방, 모세의 느보산 꼭대기, 그리고 낭만주의의 종루들과 중국의 정자들……. 독일 화가 뒤러는 그의 그림 「멜랑콜리아」를 가장 널리 퍼진 인간적 인식과 쾌락의 수단들 중 하나로 그린다. 아마도 그 순간에 그는 가장 덜 외로웠을 터이니 이는 대단한 아이러니다. 그렇지만 작품에 둘러싸여 있을 때 그는 가장 외롭다고 느낀다. 그리고 파우스트는 그러한 멜랑콜리를 잔인하게 경험하는 것이다.

고독에 대한 또 다른 상징은 바로 섬이다. 사방 어느 곳을 둘러보아도 자기 발자국이 있으니 섬 사람은 갇혀 있다는 느낌을 갖게 된다. 이것은 몸서리쳐지는 것이기도 하지만 또한 애써 추구하게 되는 것이기도 하다. 로빈슨은 갖가지 감정들을 넘나든다. 하지만 그것은 유례없는 시련이 가져다준 열매들이다.

고독의 끝

고독이 마침내 다다르는 곳은 어디인가? 자신의 파멸인가 아니면 재창조인가? 렘브란트는 고독한 인물들을 그려 내는데, 그가 평생에 걸쳐 초상화들을 그렸던 그 고독한 자는 바로 그 자신이다. 그 초상화 속의 인물은 진지하고도 슬프다. 렘브란트는 동업조합의 상인들도 그리는데, 그들의 초상은 근엄하면서도 상투적이다. 앞엣것들에서나 뒤엣

것들에서나 결코 행복이 얼굴에 내비치는 적은 없다. 렘브란트가 늙고 찌들어 가는 남자의 고독을, 그리고 상업적인 부르주아 사회를 벗어나는 것은 단지 성서의 장면들을 그릴 때뿐이었다.

    황혼의 창가에서 명상에 잠기는 철학자같이 그려진 그의 모습은 한결 편안하나 여전히 고독하다. 자기를 잊었으리라 믿고 있던 친구를 엠마우스에서 우연히 마주쳐 알아보고 난 후에야 그는 더 이상 고독하지 않을 것이다.

사족

    요컨대, 고독은 양면성을 지닌다. 여기에서 그것은 마치 불행인 양 그려졌지만, 생존이 남의 손에 달려 있어서 일하지 않으면 안 되는 자들에게 그것은 번잡함을 벗어날 수 있게 해 주는 행복한 것이리라. 또한 예술가에게도, 알베르 카뮈가 「요나」에서 묘사했듯이, 창조를 위해 고독은 꼭 필요하다. 물론 훗날 그 대가를 치를 수도 있다. 그렇다 손 치더라도 지금으로서는 고독이 없어서는 안 된다. 렘브란트처럼 나중에 다른 곳에서 그 보상을 찾을 수 있겠지만.

Le Parfum   향수

향수의 기능

후각은 감각 중에서 가장 연구가 덜 되어 있다. 다른 감각들만큼 유용하지 않기 때문인가? 예술 작품을 낳을 수 없기 때문인가?

동물들은 냄새로 흔적을 남긴다. 그리고 그 흔적으로 서로를 알아보고 찾아가며 결합한다. 개는 사냥감을 보는 것이 아니다. 그 냄새를 맡는다. 개미는 냄새 나는 가느다란 실들을 뒤에 남겨 다른 개미들을 위한 길을 만든다. 아마도 비둘기 역시 이와 같은 방법으로 방향을 찾을 것이다. 짐승들은 그들의 자양분이 될 수 있는 것을 흡수하기 전에 후각으로 지각한다.1 인간의 후각이 퇴화된 것은 그것의 모든 쓰임새를 앗아가 버린 도시 문명 때문이었다. 자연의 기호는 시각이 받아들여 지능이 해석하는 신호로 대체되었다. 인간은 더 이상 듣거나 보려고 애쓰지 않으며 이해하려 든다. 신호는 표의 문자 체계이다.

그렇지만 어쨌거나 여전히 동물의 한 종인 인간은 쓸

---

1 그래서 소화의 영역에는 미각이라기보다는 후각적인 자취가 남아 있다. (원주)

모가 없어졌다고 보이는 그 감각을 잃어버리지는 않았다. 인간은 그것을 특별하고 세련된 것으로 만들었다. 자기 보존 본능과는 이제 별 관계가 없게 되어 버린 향수는 몸단장의 보조 수단이 되었다. 무엇보다도 그것은, 일단은 심미적 동경이라고 불러도 좋을 그 무엇을 충족시키려 하였다.

그러니 지체할 필요 없이, 향수의 객관적 성격 따위에 대해서는 손 떼야겠다. 즉 '앎'의 영역에 속하는 것은 미뤄 두고 '느낌' 혹은 '경험'의 차원에 속하는 것들을 얘기하도록 하자.

내가 알고 있는 것은 무엇인가? 향수에는 동물성과 식물성이 있다는 사실, 용연향은 향유고래로부터 얻으며 사향은 쥐로부터 얻는다는 것, 그리고 일반적으로 향수는 (완전) 연소의 과정을 거쳐 만들어진다는 것, 그래서 그건 말하자면 인공적이라는 것 등. 그리고 그것은 제 요소가 균형 있게 섞여 있는 합성물이며 '향신료'에 들어간다는 것 정도이다. 그렇지만 이 모든 지식들은 나만의 것이라고 할 수 있는 영역, 즉 향수의 의미 영역, 다시 말해 '어떻게'가 아닌 '왜'의 영역으로 들어가는 데 도움을 주지는 않는다.

냄새와 향수 사이에는 경계가 있다. 냄새는 의도적이지 않지만 향수는 그렇다.

냄새는 적응하기와 방향 짚기에 도움이 되는 어떤 반응을 불러일으킨다. 향수는 그와는 다른 종류의, 훨씬 의도적이고 개인적인 매력을 낳는다.

그렇지만 자연이라 부르는 것과 예술(혹은 인위)이라는 것 사이에 뚜렷한 구분이 있는 것은 아니다.

우리가 확실히 말할 수 있는 것이라야 겨우 향수의 사용에는 '상호 주관성'과 '초주관성'이 함께 있다는 것 정도이다. 각 나라마다 혹은 개인마다 특별히 좋아하는 향수가 있는 것도 그 때문이다. 향수는 감성의 가장 깊은 곳까지 파고들게 만든다. 그런 의미에서 향수보다 더 개인적인 것은 없다. 향수에도 유행이 있어 많은 사람들이 어느 것을 공통적으로 좋아하기도 한다는 사실도 이 원칙과 모순되는 것은 아니다. 그건 각각의 시대가 자신을 표현해 내는 방식일 테니까.

향수의 보편성과 다양성

　오랫동안 향수는 문명국들의 전유물이었다. 고대 이집트에서 헬리오폴리스의 사제들은 아침에는 송진을, 낮에는 몰약을, 저녁에는 열여섯 가지 성분이 한데 섞인 것을 사원에서 태웠다. 그리고 몰약과 계피를 시체의 방부 처리를 위해 썼다. 만약 오늘날 종교 의식에서 향수를 사용한다면 그건 눈살을 찌푸리게 하는, 도저히 이해받을 수 없는 사치가 될 것이다. 다행히도 부활절 제단은 아직도 꽃을 놓아 장식하며 또 성체침례 행진을 할 때는 길 위에 원화(圓花)형의 꽃잎 장식이 놓인다.

　대표적인 집단 행사인 축연에서는 향수가 없으면 안 되었다. 손님들은 꽃술 장식을 달았으며 향로에는 송진을 태웠다. 서커스가 열릴 때면 관객을 햇볕으로부터 가려 주는 차일에 뿌려져 있던 향수가 관객들 위로 가는 비처럼 흩뿌렸다. 장례식은 향수의 향연 없이는 진행되지 못할 정도였다. 아시리아의 왕 사르다나팔은 자신이 죽으면 시신을 향내 나는 나무 위에다 태우라고 했다.

향수는 가구만큼이나 각 시대를 특징짓는다. 루이 13세 시절에는 붓꽃 가루, 사향, 골파, 그리고 천사의 물이라 불렸던 도금양의 물이 유행했다. 루이 14세 치하에서 몰약과 유황과 더불어 향수는 더욱 힘 있고 근엄한 것이 되었다. 조정의 대신들은 향수를 날마다 바꾸어 가며 뿌리지 않으면 안 되었다. 루이 15세 시절이 되면 향수는 프랑지판 향과 마레샬 향처럼 낡고 교묘한 것이 된다. 나폴레옹의 제국은 오드콜로뉴와 로즈메리와 더불어 더욱 남성적이 되며 식민지 정복 시기에는 라벤더, 정향, 메카2의 방향제, 그리고 파촐리(여기에는 중국의 먹이 그 한 성분으로 들어간다.) 등이 도입된다.

낭만주의 시대의 사람들은 색이 들어가고 향료가 첨가된 향수를, 그것도 종종 서로 상극이거나 아니면 지나치게 약하거나 강한 것들을 좋아했다. 그 시절에는 화첩이 유행했으며 각각의 향수에 의미가 붙여지기 시작했다. 나름으로 하나의 상징 체계를 이루는 꽃말들3을 연구해 보면, 건

2 이슬람의 창시자인 무함마드의 출생지로서 이슬람 신자들에게 성지로 추앙받는 곳. 사우디아라비아의 헤자즈 지역에 있다.
3 발자크의 『서른 살의 여자』에 묘사된 꽃다발들은 연구해 볼 만하다. 꽃다발은 꽃과 향수 사이의 매개물이다. 그것은 자연의 발현이면서 동시에 하나의 언어이다. 그것은 정신 간의 소통을 실현시키거나 세계에 대한 하나의 이미지를 드러낸다. (원주)

축에서도 드러나는 바와 같이 낭만주의와 중세 간의 어떤 친화 관계가 보일 것이다.

「아가」와 「에스더서」, 「룻기」, 「유다서」 덕분에 우리에게까지 알려진, 저 사향과 장미 향의 본산지인 아시아의 멋스런 향수가 고대 헬레니즘에서는 수상쩍은 것으로 여겨졌다. 솔론은 그것에 호의적이지 않았으며 소크라테스는 그 자신이 알시비아드4의 매력에 흠뻑 빠져 즐겨 보기도 했지만 사람들이 향기를 추종하는 것을 별로 달가워하지 않았다. 물론 그는 스파르타의 아제질라스만큼 엄하게 배척하지는 않았다. 알렉산더 대왕은 다리우스의 진영을 정복했을 때 다리우스가 모아 둔 향수들을 불 속에 던져 버렸다. 그리고 그의 천막 안에는 대신 호메로스의 책들을 두었다.

두 가지 삶의 양식, 즉 멋과 규율이 서로 맞닥뜨린 셈이었다. 역사(力士)는 몸에 바르기 위해 기름을 필요로 하지만 거기서 어떤 냄새가 나는가는 그에게 중요하지 않다. 그러나 심미가는 향수를 좋아하지만 그게 쓸모가 있지는 않다는 사실은 그에게 중요하지 않다.

4 고대 그리스인들이 즐겨 마셨던 알코올성 음료.

향기의 용도

향이 방어 수단일 때가 있다. 해독제나 역한—멀리 쫓아 버려야 할 동물들이 역해 하는—냄새 같은 것이 그러하다. 그리고 반대로 성적인 유혹을 위한 수단일 수도 있는데, 향수가 가장 승화된 상태에서 그렇게 사용된다. 오데트 드 크레시 향수는 사랑의 자극을 위한, 아니 차라리 욕정을 위한 보조 수단이다.

향수의 보존 기능과 정화 기능은 시체를 방부 처리하거나 화장할 때 잘 드러난다. 여기에서 향수의 역할은 절대적이다. 거기에는 재생 본능뿐만 아니라 영생에의 본능도 얽혀 있다.

고대인들은 향수가 병을 치료하는 데 효능이 있다고 여겼다. 플리누스는 냄새로 자양을 섭취하는 인도의 한 부족에 대해 적고 있으며, 또 히포크라테스는 집집마다 향기 나는 꽃들을 매달도록 하고 길거리에서 향신료를 태우게

함으로써 아테네에 만연한 페스트를 물리쳤다.

　몽테뉴는 향기가 의약으로서의 효능을 갖는다고 주장하며 이렇게 말한다.(이번에는 인용하지 않고 직접 자신이 말한다.) "의사들은 지금보다 냄새들을 더 잘 활용할 수 있을 것이다. 나는 냄새들이 나를 변화시키고 또 내 생각들 사이를 움직인다는 사실을 알게 되었다. 모든 나라와 갖가지 종교에 널리 피져 있고 또 오래전부터 있었던 향과 향수의 발명은 우리를 즐겁게 하고 피를 일깨워 정화함으로써 결국 우리를 관조하는 데 더 적합하게끔 만들어 준다."

　오늘날 정신과 의사들은 후각과 신경 생장 체계와의 관계에서, 후각 이상에 대한 여러 사실들을 알아낼 수 있다고 생각한다. 또 어떤 의사들은 생식샘의 기능 이상이 후각 장애로 나타날 수 있다고 믿는다.

　향기가 질병의 진단과 치료에 도움을 주는 것 외에 또 다른 가치를 지닌다는 것을, 즉 향이 약 냄새를 감추는 데에도 쓰인다는 것을 몽테뉴가 알았다면 분명 기뻐했을 것이다. 먹기에 역한 간유에 딸기 맛이 첨가되며 살리실산염

이 추잉 껌의 맛과 형태로 쉽게 흡수되는 것이다.

그러나 이렇게 감추어 봤자 결국은 드러나게 된다. 처음에 속았던 사람은 이제 사람들이 그에게 감추려 했던 실체를 알게 되는 것이다. 그래서 마취제 냄새만으로도 외과 수술이 무서워진다…….

향기의 미학

향기에는 환기력이 있다. 자연의 향취로 인해 과거의 풍경이 되살아난다. 아주 멀리서도 알아볼 수 있다고 나폴레옹이 말했던 코르시카섬—심긴 나무들에서 향기가 진동하는 보로메 섬들. 그 복원 곁에 탈출이 있었던가. 사람을 둘러싸서 낯설게 만드는 것에 향기는 몽환적인 측면을 덧붙인다. 보들레르의 4행시에서도 마찬가지다. 소리와 향기가 저녁 대기 속을 떠돈다."라는 구절은 "아름다운 봄이 그 냄새를 잃어버렸도다."라는, 불어로 쓰인 것 중 가장 환기력 있고 향수(鄕愁) 어린 구절로 수정된다.

이와는 대조적으로 향수 산업에서 쓰이는 용어들은 철학적이고 과학적이다. 응고 향료(concret, 구체적인 것)란 무엇인가? 그것은 밀납과 향수의 혼합물로서 거기에서 순수 향료(absolu, 절대적인 것)를 추출한다. (500그램의 순수 향료를 얻기 위해서는 100킬로그램의 재스민이 필요하다.) 일본인들 사이에 지적이고도 세련된 유희를 만들어 낸 향수들의 등급을 매길 때도, 여기서는 물론 주관적 평가에 기인한 것이지만, 그와 같은 엄격함이 존재한다.

후각에 근거한 한 편의 미학의 역사를 쓸 수도 있을 것이다. 그렇게 한다면 자연에서 인공으로 넘어가는 점진적인 이행이, 더 복합적인 감각들과 더 사변적인 예술 작품들을 다루는 경우보다 훨씬 더 잘 드러날 것이다.

데제생트(des Esseintes)[5]의 기획은 예술가들의 기획이라기보다는 분명코 심미가들의 기획으로 분류되어야 한다. 그 두 종류의 사람들은 서로 어떻게 다른가? 심미가는 자신의 삶 자체를 하나의 예술 작품—19세기 말에는 추앙받

---

5 1884년 발표된 위스망스의 소설 『거꾸로』의 주인공.

던 이 용어는 오늘날 오명으로 얼룩져 있다—으로 빚어내고자 하는 사람이다. 그러면서도 심미가는 삶과 예술의 교차로에 자리 잡지 않는가? 즉 다른 사람들이 작품 속에서 실현하려는 것을 심미가는 자기의 삶 속에서 실현하는 사람이 아닌가? 예술가들이 '만들어 내기' 쪽으로 간다면 심미가는 '행동하기'로 기운다. 그런데 위스망스(Huysmans) 소설의 주인공의 경우에, 그가 단지 행동만 하고 삶의 한 양식을 따라갈 뿐이라고 말하는 것은 틀렸다. 그는 뭔가를 만들어 내기까지 한다. 그의 작품이 우리를 당혹게 하는 것은 우리가 상투적인 것에 익숙해 있기 때문이며 그 상투성이 다름 아닌 시, 음악, 회화, 즉 오늘날 누구나 한마디씩 거들 수 있게 된 예술에 관한 것이기 때문이다. 우리는 향기들의 '혼합(compositions)'이니, '향기 나는 시구절들'이니 하는 말들을 들으면 이상하게 여긴다. 또 인공이 자연을 재창조하기에 이른다는 사실에 놀라워한다. 예를 들어 헬리오트로프가 아몬드와 바닐라의 도움으로 향기 있는 꽃으로서가 아니라 향기 자체로 다시 살아나는 것에, 오렌지 나무와 월하향이나 장미로 인해 스위트피가 암시될 수도 있다는 사실에, 차가 까막까치밥나물과 붓꽃에 의해, 라일락이 월하향, 오렌지 나무, 아몬드의 결합에 의해 재창조된다는 사실에 의아해 한다. 이런 것들은 마치 가게에서 여러 색의 안료를 사다가 정원을 다시 꾸밀 수 있는 것과 같다.

향수의 변모

오늘날 향수는 유혹의 수단으로서의 가치를, 그리고 사치품으로서의 성격을 간직하고 있다. 그렇지만 처음에는 부자들만 쓰다가 결국은 아주 흔한 소비재가 되어 버리는 다른 모든 것들과 마찬가지로, 향수 역시 보편화되고 또 여러 종류로 개별화된 것 같다.

향수는 신성성을 잃어버렸다. 그것은 더 이상 이러저러한 의식에 특별히 사용되지 않으며 더 이상 몇몇 나라에서만 채취되는 것도 아니며 또 어떤 계층에 한정되지도 않는다. 그러나 역설적이게도 모든 이들에게 고루 퍼짐으로써 도리어 귀족적 품위를 지켜 낸다고 주장하는 듯하다. 마치 자동차가 그렇듯이. 자동차는 대량 생산되지만 다양한 색으로 칠해짐으로써 각각 다르게 개별화되었다고 여겨진다. 소수만이 누리는 호사에 대한 동경은 그러므로, 호사―누구나 다 누림으로써 실상 이제는 호사랄 수도 없게 되었지만―가 보편화된 이후에도 살아남은 것이다. 마찬가지로 대중이 모여 즐기는 장소들은 왕이나 군주 혹은 귀족의 이름을 따라 불린다. 마치 여관들이 '팔래스'가 되고 중저가의 아파트에 '맨션'이라는 이름이 붙는 것과도 같다. 바로 이렇게 해서 사람들은 그것들을 보존하거나 획득한다고 믿지만 사실 그들이 보존하거나 획득하는 것은 그 이름뿐이다.

거기에 맞춰 꽃과 향기도 분리되었다.

꽃은 눈을 즐겁게 하는 것이기에 이제 그 빛깔의 아름다움과 다양한 모양들을 감상하기 위해서만 재배된다. 꽃에서 고약한 냄새가 나서는 안 된다는 것이 기정사실이 되었다. 한두 세기 전만 해도 야생 식물로부터 애써 얻었던 그 향기를 원예가들은 무슨 재주를 부렸는지 장미와 카네이션으로부터 사라지게 만드는 데 성공했다. 향기를 좋아하는 사람들은 그걸 따로 사야 하며 또 화학 제품에서 구해야 한다. 그리고 꽃은 조화에 가까울수록 더 좋은 것으로 평가된다. 물론 그럴지도 모른다. 그렇지만 꽃 값 때문에 결혼식과 장례식이 조금은 '호사스러워'지기 위해서라도, 그래서 때로는 그 비용이 부(富)를, 살아남은 자들의 아낌없는 마음을 드러낼 수 있도록 하기 위해서라도(예식을 마치고 나오면서 사진을 찍는 것도 마찬가지다.) 꽃은 여전히 '자연 그대로'의 것으로 즉, 빨리 시들어 버리는 것으로 남아야 한다. 그러니 꽃에서 추출한 향수가 동양인들에게 주는 의미를 서양에서는 향기 없는 꽃이 대신한 것이다.

　그렇지만 향기를 빼앗긴 꽃보다 더 슬픈 게 무엇이 있겠는가? 남프랑스의 코트다쥐르 해안에서는 아무 냄새도 안 나는 카네이션과 목서초를 기어이 생산해 내기에 이르렀다. 뮈세의 연극 작품에서 옥타브는 마리안에게 말한다. "사랑할 줄도 미워할 줄도 모르는 마리안, 당신은 가시도 향기도 없는 저 벵골의 장미와 같군요." 물론 옥타브는 상대의 냉랭함을 탓하는 이 말에 바로 이어 향기가 없더라도 꽃은 여전히 아름다우며 오히려 그 향기 없는 꽃들은 신이 만든 가장 아름다운 꽃들이라고 서둘러 변명하려 하지만 마리안은 비난의 말을 칭찬의 말로 잘못 알아들을 만큼 순진하지는 않았다.

향기는 살아 있는 것이어서 우리처럼 태어나고 죽는다―물론 우리보다는 조금 짧게, 7년이면 생을 마친다. 그렇다면 지금까지 향기를 가장 훌륭하게 사용한 사람은 막달라 마리아일 것이다. 그녀가 예수의 발에 향유를 부어 퍼뜨린 향기를 지금도 우리가 들이마시고 있지 않은가?

L'heure De Midi   정오

바야흐로 정오다. 여기저기 흩어져 있는 시내의 성당에서, 그리고 나와 부모님이 살고 있는 집 근처 성당에서 열두 번의 종소리가 들려온다. 나는 발걸음을 재촉한다. 늦으면 안 되기 때문이다. 아! 첫 번째 종소리가 난 후 3분 뒤에 울리는 두 번째 종소리가 나기 전까지만 도착할 수 있다면 좋으련만! 아슬아슬하다. 뛰어야겠다. 어찌 됐든 부모님은 마치 법정의 재판관들처럼 식탁에 앉아 계실 것이다. 12시 5분에—절대 12시 10분이 아니다—나는 그들 앞에 나타났다, 아니 출두했다. 어디 갔다 오는 거니? 뭘 하고 있었니? 친구랑 함께 있었다고, 그리고 내가 그에게 또 그가 나에게 말을 건넨 것 말고는 아무것도 하지 않았다고 대답할 수 있을 뿐이었다. 즉 거리를 배회하고 있었던 것이다. 그것만이 내 유일한 낙이어서 다른 놀이는 내 안에 들어올 여지가 없었던 셈이다. 시간은 잘 흘러갔다. 배회하던 그 시간들은 저 큰 '시간'에 속하지 않고 말하자면 괄호 속에 묶여 따로 흘러갔으므로…… 행복한 시간들이었다. 물론 그렇다고 해서 이런저런 문제들이 없었던 것은 아니었지만 적어도 잊어버릴 수는 있었다. 배회를 마감해야 하는 마지막 몇 분은 쫓기는 만큼 더욱 아쉽고 소중한 순간들이었다.

가족들과의 점심 식사를 빼먹는다는 것은 나에게는 불가능한 일이었다. 함께 먹는 사람들이 그 시간만 되면 어김없이 허기를 느꼈기 때문이 아니었다. 특정한 시간에 서로의 얼굴을 다시 보는 것을 우리 가족이 기쁘게 여겼기 때문도 아니었다. 그것은 단지 그렇게 정해져 있었기 때문이며 일단 그렇게 정립된 그 규칙에 토를 다는 것은 금지되어 있었기 때문이다.

일전의 일이었다. 나는 택시 운전사에게 꽤나 먼 곳까지 가자고 말했다. 그때는 오전이 끝나 갈 무렵이었다. 택시 정류장에 있던 다른 택시들이 제각기 다 떠나고 두 대만 남아 있었고 때마침 정오를 알리는 소리가 울렸다. 그 두 운전사는 단호히 안 된다고 했다. 내가 계속 우겨 대자, 그들은 둘 다 "점심을 안 먹었어요. 집으로 들어가야 합니다."라고 할 뿐이었다. 정류장에 막 도착한 또 다른 운전사는 나를 험한 눈길로 보기까지 했다. 그에게는 내가 밥을 굶

게 할 사람으로 보였던 것이다. 그러다 그가 나중엔 너그럽게 나와서 나는 차를 타고 갈 수 있었다. 나는 산다는 게 뭔지 모른다! 먹지 않고서 어떻게 살 수 있으며 정오가 아니면 언제 먹을 수 있겠는가? 그때를 놓치면 좋을 것이 없다. 고기는 너무 딱딱하게 굳어 버리고 스튜는 차갑게 식어 버릴 테니까. 그리고 또 애들은 어떡할 것인가? 마냥 기다리게 할 것인가?

그러므로 앞서 말했던 내 어릴 적 우리 집에서의 경험은 아마 전국적인 현상일 것이다. 정오가 가까워지면 프랑스인들은 갑자기 공포에 사로잡힌다. 사무실들은 서둘러 문을 닫고 상점들은 빗장을 지르기에 바쁘다. 바로 몇 해 전까지만 해도 은행과 우체국에서도 10분 전부터 사람을 세워 입구를 지켰다. 강도가 아닌 고객이 들어올까 봐서.

이 같은 공포와 급작스런 도주로 사람들을 내모는 것은 배고픔의 고통이 아니다—물론 아침 커피 한 잔만으로는 부족하긴 할 테지만. 그것은 바로 신성한 의식을 준수하기 위해서이다.1 그런데도 왜 사람들은 금기라고 하면 폴

---

1 부알로가 그의 시 「뤼트랭」에 등장시키는 주교좌 성당의 참사원은

    정오가 울리자 벌써 혼비백산하여,
    식사를 하지 못했다는 사실에 몸을 부르르 떤다.(원주)

리네시아나 콜럼버스 이전 시대의 사회들에만 결부시키는가? 오히려 그러한 사회들이 금기에 관한 고도로 세련된 용어 체계—물론 조금 황당하기는 하지만—를 만들어 냈으며 썩 논리적이지는 않지만 나름대로 주목할 만한 구조와 체계들을 수립해 놓고 있었음을, 전 세대의 사회학자들보다 훨씬 더 전문성 있는 최근의 사회학자들이 밝혀 주었다.

우리는 어떤가? 이것저것을 금지하는 표지판으로 가득 찬 도로들만큼이나 많은 금지 사항으로 이루어진 것이 바로 우리 사회라는 것을 굳이 말할 필요가 있을까?

우리를 가두고 있는 울타리는 종이들로 (그리고 거기에 쓰여 있는 글자들로) 되어 있다. 한 나라 사람들 전체가 정확하게 12시 땡 하면 먹기 시작해야 한다는 조항보다 더 우스꽝스러운 게 어디 있겠는가? 이 장벽을 깨기 위해서는 손을 뻗기만 하면 된다.

다른 모든 금지 사항들도 마찬가지다. 아무도 손대지 않았기 때문에 손댈 수 없는 것으로 남아 있을 뿐이다.

이러한 금지 사항들을 설정하고 또 강화하기까지 함으

로써 사회가 누릴 수 있는 이득을 우리는 잘 알고 있다. 가장 효과적인 억압은 내부로부터 이루어지는 것이다. 오늘날 이것을 통제(혹은 조종)라고 부른다. 즉 각자는 스스로 자신의 행동을, 나아가 생각까지도 조절할 것! 사람들은 '적합한' 것이 아니면 아무것도 감히 시도하려 들지 못할 것이다. 각자가 모두 주입된 사고와 관습의 포로가 된다면 공포는 전체적인 것이 되어 버린다. 그리고 제재 장치들은 무용지물이 된다.

인간은 금지를 만들어 내는 동시에 성역을 만든다. 동일한 것, 동일한 행동이 금지의 대상이 되는 동시에 거룩한 신성의 발현이 된다. 정오의 시간이 감히 어길 수 없는 것이라고 할 때, 그것은 그 두 가지 의미 모두에서 그렇다.

인간만이 갖는 이상한 특질 하나. 인간은 신을 만들어 내는 기계라고 베르그송은 말했다. 거기에 하나 덧붙이자. 인간은 신과 신격화된 사물들을 만들어 내는 기계이다.

이 점에서 인간과 동물을 비교해 볼 만한데, 동물은 마냥 즐겁게 그리고 맹목적으로 쾌락에 몸을 맡기는 데 반해 인간은 장애물들을 만들어 내, 삶을 즐기는 것을 스스로 금한다. 물론 동물에게도 나름의 금기가 있다. 평소에 먹는 것보다 더 맛있는 것, 가령 1등급 뼈 같은 것을 얻은 개는 집과 주인으로부터 멀리 떨어진 곳으로 그걸 가지고 가서 땅속에 묻는다. 그러고는 나중에 다시 파내 조금씩만 먹고 또 먹는다. 개의 이러한 행동은 자기들의 돈을 맛난 식사나 여행을 하는 데 써 버리지 않고 국립 은행으로 가져가는 인간의 행동과 크게 다르지 않을 것이다. 인간이 이렇게 하는 것은 반드시 계산에 의해서만은 아니다. 수중에 들어온 돈이 한꺼번에 소비해 버리기에는 너무 귀하고 아깝다고 여겨졌기 때문이다. 은행과 가족과 국가—물론 이들의 속셈들은 각각 다르지만—가 권하기도 해서 그들은 그 돈을 금기로 만드는 것이다.

 이제 다시 정오로 돌아가, 마치 황금과 다이아몬드에 대해서 그렇게 하듯 거기에 한번 '가치 부여'를 해 보자.

 다들 그렇게 말하는 바이지만, 황금이 수 세기를 지나오는 동안 평가받아 온 것은 그것이 흔치 않으며 빛이 나고 또 변하지 않기 때문이다. 다이아몬드의 경우는 뭔가를 자를 수 있고 또 다른 암석들보다 외부의 힘에 더 잘 견딘다는 사실 때문이다. 정오는 낮의 한가운데이며, 시계의 두 바늘이 합쳐지는 시간이며, 태양이 그 행로의 절반 지점에 이르는, 아니 적어도 그렇다고 여겨지는 순간이다. 정오는 나눔의 상징이며 더 간단하게는, 절반씩 나눔 그 자체이다. 그리고 그 반대편에는 물론 자정이 있다. 여기에서 빅토르 위고 식의 어떤 대립 개념, 즉 한쪽엔 선 다른 한쪽엔 악이라는 식의 모든 설익은 사유의 핵심인 흑백 논리로의 경사가 비롯된다. 이렇게 보면 정오를 위한 좋은 논거들은 하나도 없는 셈이다.

어떤 것을 다른 것보다 우위에 둘 수 있는 근거가 어디에 있는가. 인간들의 어리석음 말고는 탓할 게 없다. 중세가 끝날 무렵까지 어느 누구도 숫자들이 갖는 미덕을, 별들의 위력을 의심해 볼 줄 몰랐다는 걸 생각하면 서글픈 느낌을 금할 수 없다. 열둘이라는 수를 두고 얼마나 많은 사변들이 이어져 왔는가. 열두 달, 열두 사도 등등…… 숫자들을 갖가지 미덕의 상징으로 여겼던 피타고라스학파는 말할 것도 없다. 예컨대 7은 건강의 상징이요, 8은 사랑이요, 3은 시작과 중간과 종말을 나타냈다. 숫자 3이 얼마나 대단한 위세를 누려 왔는가는 삼부작이니 삼위일체니 하는 말들이 잘 보여 준다. 또 어떤 자들에게 그 수는 변증법의 원동력이 된다. 안정 상태를 나타내는 2를 넘어서지 않는다면 사물은 언제나 그 자리에 머물러 있다는 것이다. 처음 네 숫자들의 합(1+2+3+4)인 10은 피타고라스학파에게 가장 완전한 수였다. 그리고 그것을 이해하느라 나로선 꽤나 고생한 12는 바빌로니아 사람들이 예찬했으며 영국인들이 그 뒤를 이었다.

    여기서도 다른 곳에서와 마찬가지로 성스러운 것과 세속적인 것이 뒤얽혀 있음을 확인할 수 있다. 12진법 체계는 10진법보다 더 많은 곱셈과 나눗셈을 가능케 한다는 확실한 장점을 갖는다. 그러나 12진법의 힘은 여기에 있는 게 아니다. 그에 따른 불편함이 더 크기 때문이다. 12진법에 힘을 실어 주는 것은 바로 관습이다. 과거의 미신에 상징

체계로 특징지어지는 또 다른 차원의 미신이 덧붙는다.

흰색은 백조의 것이든 담비의 것이든 순수함의 상징이며 사자는 용기의 상징이다. 우리는 우리 감정들의 저 유연한 등가물들을 찾아내는 것을 즐긴다. 그 감정들을 이미지와 숫자로 표현해 내는 일은 결코 불쾌한 것이 아니다. 위험은 그 상징들이 독자적 생명을 갖고 성장해 나간다는 데 있다. 그것들은 자기들이 아닌 다른 모든 것들을 삼켜 나간다. 내가 보기에는 온 인류가 이 암세포에 오염되어 있다.

일상생활이 힘들어질 만큼 미신이 들끓었던 고대 세계를 그 미신으로부터 해방시킨 것은 기독교였다. 그런데 그 '이면의 세계'로부터 벗어난 것 같은 근대 세계가 이른바 예언의 학문이라는 것에 또다시 유혹당하고 있다. 오늘 괜찮은 손님을 만날 수 있을지를 금성과 목성의 결합을 통해 알아보고자 하는 매춘부들만이, 그리고 떠나간 애인을 돌아오게 만들려는 아가씨들만이 점성술을 찾는 것은 아니다…….

전투에 나가기 전에 장군들이 새를 날려 보고 병아리

배 속을 갈라 보며, 바람이 유리한 쪽으로 불게 만들기 위해 소를, 때로는 사람을 제물로 바치던 시절로 되돌아간 것 같은 느낌이다. 해가 인간을 실컷 잡아먹고 만족하여 다음 날 확실히 떠오르도록 수백 명의 죄수들을 희생시켰던, 코르테스 이전의 멕시코에 가 있는 것만 같다.

숫자들은 인간의 정신을 아닌 게 아니라 흐려 왔다. 정수에 관한 이론은 가장 먼 시대로끼지 거슬러 올라간다. 앙리 푸앵카레가 말한 것처럼, 경도와 위도에 따라 특정한 수에 특권을 부여한 것은 터무니없는 숫자학이었다. 너무 지루하지만 않다면, 플로베르가 그의 『성 앙투안의 유혹』에서 신학 체계를 위해 시도한 것을 숫자들의 이론에 적용해 볼 만도 하다.

가령, 7일 동안 일곱 명의 사제가 일곱 개의 나팔을 불면서 여리고 성 주위를 돌았으며 일곱째 날은 일곱 번을 돌았다. 대홍수를 일으킨 비는 40일간 밤낮으로 내렸으며 모세와 여호와의 면담도 같은 기간 동안 이루어졌으며 선택 받은 민족도 40년 동안 사막을 헤맸다. 그리고 죄에는 일곱

가지 대죄악이 있다, 등.

게다가 히브리어와 그리스어 알파벳의 문자들 각각은 그 자체의 의미에다 숫자로서의 의미를 이중으로 지닌다. 그리고 각각의 숫자는 인간의 속성들 중 하나를 상징한다.

친구란 무엇이냐고 물었을 때 피타고라스는, 220과 284가 그런 것처럼 또 하나의 자신이라고 대답했다. 사실 220의 약수들을 따져 보면 이들의 총합이 284이며 284의 약수들의 총합은 220임을 알 수 있다. 완전수는 6이나 28처럼 자신들의 약수들의 총합과 같은 수이다.

우수(友數)들과 완전수들은 그만 제쳐 두자. 그리고 찾아내기는 훨씬 힘들었지만 그 성과는 훨씬 더 풍성했던 소수(素數)에 대한 얘기도 하지 말기로 하자…….

흔히 생각되는 것과는 반대로 이러한 개념들(아무도 불쾌해 하지 않도록 하기 위해 정확히 무슨 개념인지는 말하지 않는 게 좋으리라.)을 전파하는 자들은 예술가나 작가들이 아니라 오히려 정확함에 매달리는 정신들이다. 이들은 수의 법칙을 벗어나는 것은 없다고 생각한다. 그렇다. 아무것도 거기에서 벗어날 수는 없다. 그렇지만 그 무엇도 선험적으로 거기에 예속되어 있지는 않다. 오랜 경험과 오랜 성찰을 통해서만, 사물들의 움직임에서 나오며 또 그것들의 구성을 설명해 낼 수 있는 숫자들을 끌어낼 수 있다. 화학 물질에 대한 멘델레예프의 분류와 은하수에 대한 허블의 분류가 그것들이다. 그렇지만 이러한 분류들은, 그것들이 우리에게 가져다주는 지적인 즐거움이 어떤 것이든 간에, 잠정적이며 또 재검토될 수 있는 것들이다.

공상으로 귀착되어 버린 이러한 추상화(抽象化)의 기원에는 형태적 표상이 놓여 있다. 즉 3이나 4는 처음에는 삼각형, 사각형 혹은 입방체 등으로 시각적으로 먼저 지각되었다. 형태와 수가 서로 맞아떨어진 것이다.

수학은 비형상화의 방향으로 발전되어 왔다고 말할 수 있을 것이다. 별들에 대한 이론이 그랬던 것처럼 숫자들에 대한 이론 역시, 탈신성화로 출발한 과학의 진보를 늦춰 버렸다.

하지만 직관이 주는 처음의 신선함에 대해서는 미련을

갖지 않을 수 없다. 정오라는 시간이 위엄을 잃어버린다는 것은 고통스러운 일이리라. 흘러가는 한나절을 대칭으로 가르는, 그래서 질서에 대한 우리의 욕구를 채워 주는 그 위엄. 상승하는 태양의 마지막 절정의 단계를 목도하고 감탄하는 우리 눈에 '정상'으로 우뚝 선 그 위엄. 그리스 사람들이 한 사람이 살았던 시기를 말할 때, 그의 탄생에서 죽음까지라는 우연한 상황에 의거하지 않고 그의 이력과 재능이 꽃핀 절정기에 의거한 것도 같은 의미이다.

    넝쿨식물에게 나무 꼭대기가 그렇듯 정오는 매력적이면서도 두려운 시간이다. 그래서 수도승들은 칠순 주일에,

일상의 삶이 죽음 속에 있도다

라고 노래하며 또 말레르브는,

정오를 지내 보낸 자에게 밤이 벌써 가까이 왔도다

라고 썼다.
 이러한 상념은 우리를 슬프게 하는가? 아니다. 수천 년이 지난 후의 저 '정오'의 순간으로 우리를 다시 데리고 갈 그 여정을 니체와 함께 다시 떠날 준비가 되어 있다면 결코 슬프지 않다. 그곳에 이르러 그 광기 서린, 그러나 지엄한 상념을 떨쳐 버려야 하더라도, 순식간에 지나가 버리는 정오의 덧없음―신이 오히려 사람이 되고 싶어 한 것처럼, 없으면 허전할 그 덧없음―을 상기하지 않고서는 정오의 충만함을 누릴 수 없다 하더라도 결코 슬프지는 않다.

자정

L'heure De
Minuit

물리적인 밤

　자정은 사람들이 제일 싫어하는 때이다. 어둠이 짙어져 가장 깜깜한 순간이며, 자기가 혼자라는 느낌이 가장 강하게 드는 순간이다. 그 순간은 공포를 불러일으킨다. 관계를 맺으며 산다는 것이 그다지도 중요한가? 그제야 우리는 그 사실을 알게 된다. 아이들은 녹방을 견디지 못한다. 어른들도 마찬가지다. 우리네 문명이 갖는 특징 중의 하나가 바로 빛의 증식이다. 뉴욕은 밤을 없애 버렸지만, 폴리네시아의 매혹적인 섬들은 그것을 견디어 낸다. 그 섬들은 인공적인 불빛으로 밝혀지는 야간의 삶을 알지 못한다. 오늘날의 인간에게 그러한 매력은 자연의 매혹을 능가한다.
　여행을 하는 사람은 길을 잃을지도 모르기 때문에 밤을 두려워한다. 만약 항해를 하고 있다면 별에 의지하면 된다. 그렇지만 지상의 빛이 별을 대신하는 경우가 점점 더 많아지고 있다. 앞이 잘 보이지 않을 때는 소리로 도움을 받는다. 율리시스로 하여금 항로를 벗어나게 했던 세이렌

들이 오늘날에 와서는 올바른 방향으로 다시 그를 이끄는 듯하다. 망루의 종소리가 밤의 고립을 깨트리며 스페인의 도시에서는 자명종이 없는 사람들에게 야경꾼의 단조로운 외침이 자정에서 새벽으로 넘어가는 시간을 알려 준다.

정신적인 밤

정신적인 밤에 견주면 물리적인 밤은 아무것도 아니다. 사람들은 맹인이 이 세상에서 가장 불행한 사람이라 여길 것이다. 하지만 결코 그렇지 않다. 맹인은 소리를 통해 타인들과 관계 맺으며 정상적인 시력을 가진 사람보다도 더 정확하게 남들을 이해하고 있기 때문이다. 무수한 사물들 각각에 내재하는 나름의 의미들을 정상인은 오히려 놓치고 만다. 눈으로 보는 것보다는 귀로 듣는 것이 우리를 모든 자연물로 그리고 인간에게로 더 잘 이끌어 준다.
무릇 생명이 있는 존재들에게 중요한 것은 환경이다.

그들은 무언가에 둘러싸여 있지 않으면 안 되며 둘러싸고 있는 것들이 가까이 있을수록 더 행복하다—설혹 불행에 처해 있을 때라도. 예컨대 작가가 겪을 수 있는 가장 큰 불운은 그가 작가라는 걸 알지 못하는 사람들과 함께 사는 것이다. 작가로서의 자신의 재능에 대해 아무리 나쁘게 말하더라도 그런 동시대인들을 거리에서 마주칠 수 있는 곳에서 사는 것, 그것이 작가의 행복이다. 밤이 무서운 것은 그것이 고독의 상징이기 때문이다. 그때의 그 무서운 밤이야말로 완전한 암흑이다.

  그 무서운 밤을 어린이, 여행자, 맹인은 알지 못한다. 이들과 달리, 무한한 수평선이 그어진 바다를 따라 모래사장을 걸으면서 "내 앞에는 아무것도 없어!"라고 나에게 말했던 그 사람—그는 나의 가장 친밀한 동행자였다—은 그것을 알고 있었다.

밤의 모습들

그렇지만 자정은 매우 다양한 모습으로 옷을 갈아입는다. 그 천차만별의 모습들 중 나는 조제프 마리 드 메스트르[1]와 도스토옙스키의 저 상트페테르부르크의 밤을 예로 들 것이다.

자정이다. 우리는 강가의 섬에 있는 식당에서 막 밤참을 먹고 난 참이다. 점점 더 어두워지는 것이 아니라 더 밝아지는 것 같다. 말은 더 거침없이 나오며 생각은 더 민첩하게 움직인다. 낮 동안에 우리는 갖가지 종류의 사물들로 둘러싸여 있었으나 지금은 그 두꺼운 장벽들이 사라져 버렸다. 우리는 수정과도 같은 맑은 분위기 속에서 살아가고 있는 것이다. 섬들의 잔디를 감싸고 흐르는 네바강의 투명한 물을 따라 우리는 도시를 떠나지만, 멀리 사라져 가는 뱃사공의 노랫소리는 아직도 들린다.

이처럼 아주 투명한 대기 속에서는 모든 것이 서로 소통하는 듯하다. 그러나 도스토옙스키의 주인공이 전해 주

---

[1] Joseph Marie de Maistre(1753~1821). 프랑스의 정치인이자 문인.

는 것처럼, 서로 한 몸이 되리라고 믿을 만큼 가까워진 그 존재들은 영원히 결별했다.

  그 천차만별의 밤의 모습들 중 이번에는 정반대 편에 있는 것 하나를 나는 보들레르에게서 듣는다.

  이미 식상한 말들을 빛으로 쏟아 내는 별들이
  없는 밤이여 너는 얼마나 나를 기쁘게 하는가!
  내가 찾아 헤매는 것은 암흑이요, 비어 있음이요, 벌거벗음이니.

  내밀한 상호 침투에의 염원이 결코 이루어질 수 없는 것처럼 신은 이러한 기원 역시 결코 들어주지 않는다. 텅 빔과 우리네 약한 마음 사이에는 언제나 많은 환각이 끼어든다. 우리에게 만약 자정이 텅 비어 있는 자리라면 얼마나 좋을까! 하지만 자정은 순백이 아니듯 암흑도 아니다.

  화가들, 저 '어둠의 화가들'이 그렇게 한 것처럼 밤은 온갖 색으로 칠하지 않으면 안 되는 듯하다. 조르주 드 라투르에게, 그리고 카라바조에게는 밤은 장미 빛깔로 물들고, 그레코에게는 초록빛으로, 렘브란트에게는 갈색으로 물들어 있다. 이 어둠의 화가들의 팔레트 위에 엄밀한 의미에서의 색은 존재하지 않는다. 빛깔만이 밤과 결합하여 우리에게 도달해, 우리들을 두렵게 하거나…… 우리를 매혹한다.

    기억하는가? 우리가 어렸을 때 귀스타브 도레의 데생들에 얼마나 매료되었던가를! 그것들이 도대체 어디가 그렇게 야릇했었는가? 그의 데생은 렘브란트의 것처럼―이 점을 제외하면 다른 모든 점들은 서로 매우 다르지만―제한된 빛의 공간 위에 엄청난 양의 그림자를 쌓아 올렸던 것이다. 그리고 그 공간은 마치 사막의 오아시스처럼 샘솟아 올랐다. 엄지 왕자는 거대한 나무 아래를 샅샅이 뒤져야 찾을 수 있을 자그마한 점에 불과했다. 하지만 햇빛이 이 자그마한 점 위에 떨어져, 요술 같은 변형을 부른다. 즉 그 잃어버린 아이는 그 큰 숲의 웅장함을 사라지게 하여, 그 숲은 이제 아이의 존재를 더 잘 드러내기 위해서 존재하는 것처럼 보였던 것이다. 이와 마찬가지로 렘브란트의 「성처녀의 죽음」에서 빛이 폭포처럼 침대 위를 비추는 동안에 다른 곳에서는 밤이 모든 것을 매몰시키고 있으며 인물들의 모습을 흐릿하게 만든다. 이것이 명암의 효과이며, 완벽한 대비의 효과이다.

    대비가 언제나 이처럼 강렬하기만 한 것은 아니다. 마냐스코가 상상으로 그린 수도원 회랑에서 빛은 분산된 장밋빛이며 마치 시의 구절들처럼 여기저기 흩뿌려져 있다. 그것은 자정이 아니라 오후 3시경이거나 새벽 시간이다. 빛은 꼭 필요한 것이기는 하지만, 성 이그나티우스 로욜라는 그렇게 많이 필요로 하지는 않는다. "나는 내 묵상의 주제들이 보일 만큼만 불을 밝히련다."

    반대로 조르주 드 라투르의 선배들이나 동시대의 화가들이 그린 인물들처럼, 그림자에 파묻힌 인물들을 촛불이 비추고 있을 때는 자정일 수도 있다.

    다양한 빛깔들, 그리고 밝기의 여러 단계들은 시에도 존재한다. 『신곡』은 지옥의 자정에서 낙원의 정오에 이르는, 빛을 향한 행군이다. 밀턴의 『실낙원』을 밝혀 주던 물의 인광(燐光)에서 나온 어렴풋한 반짝임들……. 이처럼, 밤이 완전한 암흑인 경우는 거의 없다.

쇼팽의 「야상곡」들은 항상 다른 세계로의 탈출을 엿보게 한다. 회한이 함께 서려 있는 어떤 욕망으로부터 이 곡들의 명암이 흘러나온다. 보들레르의 저 「자정」을 우리는 진정으로 알지 못한다. 언제나 마지막 한 줄기 희미한 빛이 우리에게까지 스며드는 것이다. 그렇다, 우리 모두는 언젠가는 죽겠지만 아무도 우리의 마지막 아침이 언제가 될지 알지는 못한다.

순환의 자정

하나의 종착점인 것 같았던 자정이지만 실상 그것은 종착점을 향해 나아가는 한 단계일 뿐이다. 자정은 문장 속에서 세미콜론이 하는 역할, 혹은 어떤 책의 제1부 끝에 나오는 '끝'이라는 단어와 같은 역할을 수행할 따름이다. 뒤이어 오는 후속이, 이번에는 제발 행복한 후속이기를 우리는 희망하는 것이다.

성탄절은 종말을 기리는 동시에 또 다른 시작을 기리는 것이다. 자정 또한 이러한 결정적인 지점들 중 하나이다. 즉, 심연의 밑바닥에 도달한 순간 우주는 이내 정상을 향해 다시 상승한다.

어둠이 짙으면 짙을수록 이러한 전환은 더 강하게 느껴진다. 무언가를 터득한 자들은 운명의 순간을 두려워하기는커녕 오히려 두려움과 희망이 뒤섞인 감정으로 그것을 기다린다. 뒤늦게 찾아오는 축제에 그들은 이미 도달해 있는 것이다. 자정은 그들에게 어떤 상승의 시작을 가리킨다. 딱히 그걸 바랐던 것은 아니지만 어쨌든 그들은 결정적인 지점을 지나 이제 환희에 몸을 내맡길 수 있게 된다. 불꽃놀이의 꽃불들이 밤을 낮으로 바꾸어 주듯이 이들의 얼굴은 부활의 복락으로 환하게 빛나는 것이다. 그러니 "가장 어두운 시간은 새벽을 준비한다."라는 스페인 격언이 틀린 말은 아니다.

    일단 동지가 지나고 나면 삶은, 말하자면 그 지나간 과거에 의해 다시 시작된다. 사물의 원칙에서 보면 만물이 다 변했겠지만 언제나 그랬듯이 만물은 또다시 시작한다. 지나가 버린 것은 폐기된다고 했을 때 그것은 지워지지 않는 얼룩이 그 과거에 자국을 남기게 된다는 의미에서만 그러하다. 무언가를 씻어 낸다고, 정화한다고 했을 때에도, 그 결과로 시간이 제거되는 것은 아니다. 그것은 차라리 새로운 탈바꿈을 부추길 뿐이다. 때로 질병들과 과오들은 순전히 희생양 덕분에 퇴치된다. 그러면 이어서 금기들이 제거되기도 한다. 그러나 환희 속에서 맞는 이러한 큰 변화는, 사실은 사물들의 흐름을 바꾸어 놓지는 못한다. 흔히 원시적이라고 말하는 문명들을 살펴보면 이러한 변화는 그 문명들을, 그것들이 태곳적부터 따라왔던 바로 그 길 위에 다시 올려놓을 뿐이다. 자정을 알리는 종은 항상 울렸으며 앞으로도 계속 울릴 것이다. 또 그래야만 한다. 시작한다는 것은 언제나 단지 다시 시작한다는 것이리라. 시간은 스스로 갱

신하며, 자신의 행로를 새로운 열정으로 다시 밟아 나가리라. 자정에서 또 다른 자정으로 그림자의 실이 짜인다. 원시인이 아닌 우리들은 이제 이런 반복에 기뻐하지 못한다.

하지만 회전목마가 어린아이들을 끌어당기는 것처럼 이러한 반복도 매력을 가지고 있다. 즉 움직이지 않는 축의 주위를 돈다는 것은 변화의 욕구와 지속의 욕구를 동시에 충족시킨다.

이러한 순환의 개념은 우리를 위로하기도 하지만 낙담시키기도 한다. 오늘날에 와서 그러한 개념에서 어떤 환희의 동기를 찾아내려면 니체가 보여 준 저 광기 어린 천재성 없이는 안 될 것이다. 그 개념의 합리적인 측면을 한 무리의 금욕주의자들이 보여 주기도 했다. 그러나 사실 우리가 느낄 수 있는 유일한 기쁨이란 계절의 순환이 주는 기쁨이다. 봄의 기다림, 여름의 즐거움…… 그리고 겨울조차도, 가을의 시선으로 바라본다면, 심장을 얼게 하는 가을의 징후들이 갖는 시선 속에서라면 겨울도 그리 고통스럽지 않다. 회귀에의 희망은 영원한 작별을 바라게 만든다. 하지만 어떻게 내년이, 작년이 주지 않았던 것을 가져다줄 것이라고 믿을 수 있는가? 유년에서 성년으로 넘어가는 것은 결국 환멸의 과정일 뿐이다. 신년 '달력'를 선물받은 레오파르디는 그것을 거부하면서 말했다. "무슨 소용이랴! 다가오는 해도 이미 내가 살아온 시간과 다를 게 없는걸." 최후의 것이 최선이리라는 보장은 어디에도 없다. 순환의 고리는 이미 채워져 있는 것이다.

구원의 자정

그래도, 무슨 소리! 아마도 아닐 것이다. 축일들과 애도일들이 철 따라 이어지는 순환적 의식들을 종교마다 제정해 놓고 있긴 하지만 또 한편으로는 그 모든 종교들이 역사의 종말을 희구하고 있지 않은가. 그러면서 이 긴 여정의 끝에 열락(悅樂)의 종말이 기다리고 있으리라 믿는 것이다. 그렇다면 자정이 매일 밤 '지상'으로 내려와 앉는다 한들 언제까지나 영원히 그러지는 못할 것이다. 인간은 영원토록 하나의 원을 돌고 있지만은 않을 것이다. 맴도는 듯 나아가는 그 나선형의 진행……. 그리스 조각들의 얼굴에서 읽어 낼 수 있는 저 탈출에의 희망에 언젠가는 햇빛이 비치리라. 죽음 — 그리고 왜 아니랴, 부활도 함께 — 멸절, 뿐만 아니라 소생.

최후의 자정

또 다른 자정이 있다. 최후, 즉 종말의 자정이 그것이다. 이 최후를 두고 쉴 새 없이 이야기하는 것을 듣게 된다. '역사'는 '자연'과 정반대이다. 자연 속에 있는 것들은 무한히 반복된다. 하지만 역사는 근본적으로 새로운 것을 드러낸다.

그렇다면 우리는 미래에 대해 아무것도 두려워해서는 안 된다. 자정은 결코 최후의 종착점이 아니다. 그것은 오히려 어떤 경이로운 진화의, 즉 과거와는 아무런 상관—과거를 발판으로 해서 이루어졌다는 식의—도 없는 진화의 첫 단계이다.

그러므로 우리는 모든 노력을 다해, 뚜벅뚜벅 진군해 오는 저 '역사'의 행진을 맞이할 준비를 해야 한다. 현 상태를, 그것의 지긋지긋하고도 상투적인 유산들과 함께 부수어 버리기 위해서라면 어떤 방법 앞에서도 망설이지 말아야 한다. 이러한 파괴 후에는 그럼 어떻게 될 것인가는 전혀 문제되지 않는다! 중요한 것은 모든 것을 깨끗이 씻어내 백지화하는 일이다. 우선 그러고 볼 일이다. 우리는 허무의 세기를 살고 있다. 우리들 대부분은 의식하지 못하고 지나가는 그 허무! 그러나 바로 그것이야말로 모든 창조의 최우선의 동인(動因)일 것이다. 말라르메는 친구에게 "파괴는 나의 베아트리체였다."라고 썼다.

자정이 정오를 대신하는 것이다.

자정의 신탁

　그래서 자정에는 그렇게도 많은 신탁(神託)들이 있는 것이다. 예언자들은 대낮의 빛 속에서는 자신을 드러내지 않고 숨어 있다. 만약 그렇게 하지 않는다면 그들은 기껏, 누구나 조금만 주의를 기울이면 알아낼 수 있는 것을 밝혀 주는 사람들이 되어 버린다.
　수학을 그렇게도 어렵게 만드는 것은 그것이 갖는 난해함이 아니라 오히려, 그것의 한결같은 명확함이다. 그 명확함은 어둠의 여지를 조금도 남기지 않으며 명제들의 연결 고리를 지치지 않고 끝없이 따라갈 것을 요구한다. 그 어떤 것도 우리의 오성을 벗어날 수 없는 세계, 정오가 흔들리지 않는 왕권으로 굳건히 군림하는 그 세계에 우리는 감탄을 금할 수 없다. 우리 대부분은 그러나, 이러한 빛의 과잉을 잘 견디지 못한다.
　반면에 어둠은 가만히 두어도 저절로 드러나게 되어 있는 것들을 신탁으로 하여금 드러내게끔 해 준다. 이 얼마나 가련한 눈가림인가! 밝혀낼 만한 가치가 있는 것이라면 밤의 마술을 동원하지 않아도 저절로 밝혀진다. 직각 삼각형의 합동 조건을 설명해 내려는 피타고라스학파의 노력보다, 그리고 한술 더 떠서, 도덕적 정의와 수학적 정확이 같은 것임을 설파하려는 프리메이슨의 애처로운 노력보다 나를 더 놀라게 만드는 것은 없다.

 아니, 더 어이없는 것이 하나 있다. 기독교도들이 자신들의 교리를 훤히 드러내고 이를 찬미하기 위해서 사람들을 끌어모으기까지 하는 것. 육신을 입고 이 땅에 내려오신 유일신에 대한 신앙은, 그것이 도저히 사실일 것 같지 않은 만큼—사실일 것 같다는 말이 진실과 아무런 공통점을 갖지 않기 때문에 사실일 것 같지 않다는 말이 내게는 사실이 아니라는 뜻으로 들리지는 않는다 — 그 비밀을 전할 만한 가치가 있는 사람들에게만 전파되어야 하지 않을까. 그런데 그렇게 하지 않는다. 믿기지 않는 것은 지붕 위에 널려 백주에 드러나고 반대로 분명한 사실은 은밀하게 전해진다. 정오가 비밀스러운 것을 환히 비추어 버리고 자정은 너무나 뻔한 것을 속삭이며 드러내는 꼴이다.

이러한 것은 자연의 법칙에 어긋난다. 그렇지만 다행스럽게도 그렇게 하지 않을 때도 있다. 컴퓨터는 드러낸 채로 자신의 작업을 진행하며, 은밀한 고백은 보통 비밀리에 이루어진다.

그렇다고 해서 비밀스러운 것과 환한 것이 항상 서로 비타협적으로 대립하지는 않는다. 즉, 신비가 언제나 비교(秘敎)의 언어로만 정의되는 것은 아니다. 『신곡』에서 단테는 투명한 수정의 피라미드로 되어 있는 낙원을 향하여 한 걸음씩 나아간다. 결국에는 "밤도 아니고 낮도 아닌" 저 어둠의 세계를 그는 이미 오래전에 떠났던 것이다. 연옥은 명암이 교차되고, 다양한 뉘앙스들이 존재하며, 반쯤만 채색된 공간이다. 거기에서 빛은 제비꽃보다는 진하지만 장미꽃보다는 연한 색을 띤다. 그곳은 다름 아닌, 회한과 희망이 교차되는 장소이다. 그리고 심정을 토로하거나 고백을 하거나 혹은 속내 이야기를 나누기에 안성맞춤인 어슬녘에 피어오르는 연옥의 대화들은 내밀한 목소리로 속삭여진다.

그렇지만 그곳에서는, 아우구스티누스의 표현에 따르자면 "저녁의 인식"의 테두리를 넘어서지 않는다. 그런데 우리는 아침의 인식을 갈구한다. 즉 서로 얼굴을 빤히 쳐다보지 않으면 안 되며, 믿지 않아도 될 만큼 훤히 알지 않으면 성이 차지 않는 것이다.

결단

    자정을 향한 사랑이 내포하는 몇몇 치명적인 질병들(괴테가 낭만주의를 정의하면서 말했던 그 질병의 의미로)을 나는 규탄한다…….
    메마른 고독의 추구에 따른 자기만족―우리를 이끌어 가는 힘에 몸을 맡김으로써 운명 앞에서 체념하기―을, 그리고 신비로울 것 하나 없는 신비의 계시를 기대하게 만드는, 의도적인 맹목성에서 비롯하는 미지의 것에 대한 의탁을 나는 규탄한다.

자정

우선 이렇게 말해 두고 나서…… 그렇지만 나는, 중요하지 않은 온갖 것들로부터 우리를 풀어놓아 주는 자정을 사랑하며, 정오가 오면 우리 자신을 실현할 수 있을 것이라는 희망을 제공하는 자정을 사랑한다.

옮긴이의 말　　　　일상의 이면과 속내

나날의 삶은 과연 우리 눈에 비치는 것처럼 무정형하며 무의미한 것인가? 우리의 일상은 우리가 별다른 자각도 의식도 없이 그 속에 안주해도 될 만큼 애초부터 낯익은 것인가? 그리고 그 일상을 구성하는 이러저러한 매듭들은 그렇게 편안하게 아니 느슨하게 풀어져 있는 것들인가?

매일 밤 우리가 불러와 이루는 수면, 그 사람에게는 말하지 않은 채 잠시 간직하는 비밀, 휴게실에 나와 커피 한 잔을 빼 들고 한 십 분 유지하게 되는 뜻하지 않은 침묵 같은 것들. 혹은 지하철에서 무심결에 꺼내 들고 읽는 한 권의 책, 아니면 어느 새 다가온 자정이라는 시간과 문득 새삼스러워지는 혼자라는 느낌 등······.

우리가 이런 사소하고 대수롭지 않은 것들에 혹이라도 어떤 의미를, 아니 그 이전에 어떤 긴장 — 단순히 심미적인 것이든 혹은 더 나아가 존재론적인 것이든 — 이라도 부여하게 되는 일은 흔치 않을 것이다. 굳이 그럴 필요를 느끼지 못하거니와 일상이란 워낙 긴장의 반대말이기 때문이기도 하리라.

그러나 가끔씩은 우리도 겉으로 드러나는 그러한 일상들의 이면을 볼 때가 있다. 우리의 평범한 삶이 별다른 일탈이나 삐걱거림 없이 지금의 모습을 유지하도록 그 수면 아래에서 얼마나 많은 톱니바퀴가 분주히 맞물려 돌아가고 있는지 조금만 생각해 보면 이내 수긍이 갈 것이다. 과연 저자는 예컨대 '비밀'이란 작은 일상적 모티브를 가지고 우리 삶의 긴장된 본질을 드러내고 있다.

가령 비밀을 사수해야 할 절대적 필요성이 암호를 전달하지 않으면 안 될 필요에 의해 흔들린다. 도대체 누구를 믿을 것인가? 그리고 무슨 재간으로 적은 모르게 우리 편에만 기밀 사항을 알릴 것인가? 지금이 내 정체를 밝혀야 할 때인가 아닌가? 지금 당장 해결하지 않으면 안 될 문제들이 수도 없이 제기된다.

그러나 그르니에의 책은 일상의 이면을 이처럼 뒤집어 보여 주는 것으로만 일관하지는 않는다. 저자는 다른 한편으로 우리 일상의 소주제들이 갖는, 우리에게는 잊힌 깊고 따스한 속내를 결코 놓치지 않는다. '침묵'에 대한 아래와 같은 말을 들으면서 우리가 왠지 모를 위안을 얻는다면, 과장일까?

> 우리를 갉아먹는 까닭 모를 내적인 고통을 침묵시키려면 그저 침묵하기만 하면 될 때가 많다. 우리 마음속의 고통은 우리가 내뱉는 말을 먹고 자라는 것이다.

여기에서 그치지 않는다. 20세기 후반을 산 프랑스인이면서도 동양적 정서와 감수성을 아울러 갖춘 그의 독특한 사유는 이따금 일상의 것들을 삶과 죽음이라는 자못 숙명적인 주제와도 결부하여 나름의 성찰을 끌어낸다. 파르시 교도의 시신이 그 위에 널려 독수리들에게 내맡겨지는 인도의 '침묵의 탑'을 두고서 저자가 제시하는 이중적 의미 — 생명의 원천인 동시에 영원한 죽음인 침묵 — 의 환기는 우리 삶의 일상적 현상으로부터 아득히 먼 곳에서 불러오는 것임에 틀림없다.

    침묵은 생명의 원천이다. 봄베이만(灣)과 시가지 전체가 가장 아름답게 내려다보이는 '침묵의 탑'에 그 이름을 빌려 준 저 피해 갈 수 없는 침묵에 육신을 넘겨 버리기 전까지는 말이다.

    장 그르니에의 책을 처음 접하고 우리말로 옮기는 작업은 2001년에 일단락되었으며 그 결과물이 민음사의 도움으로 세상에 나왔었다. 『일상적인 삶』은 그동안 우리의 일상에 묻혀 있었던지, 소수의 독자를 제외한 대중의 시야 바깥에 놓여 있었다.

    2019년 말 아시아 대륙 한가운데서 시작된 하나의 사건, 마치 외계의 침공 같기도 한, 어쩌면 수만 또는 수십만 년간 이 행성에서 유독 한 영장류가 누려 온 과도한 번영에 대한 응보 같기도 한 낯선 풍경의 한가운데서 출판사는, 그르니에의 감성과 언어를 다시 다듬어서 간추려 보려는 시도를 시작했다.

그간 전에 없던, 컴퓨터가 생겨났고 인터넷과 폰이 나왔다. 따라서 많은 것들은 사라졌을 것이다. 세밀하게 손 돌려 주파수 찾아 맞추는 라디오, 하루 종일 안경 쓰고 적확한 문자 기호를 찾아 박는 식자공(植字工), 운 좋으면 보름 후에는 받아 보리라는 편지…….

이젠 다 필요 없는 것들이다. 우리 손엔 탑재된 카메라가 있다. 터치 한 번으로 끊임없이 찍어 내는 이미지들 덕분에 정신은, 지성은 더 이상 상상(imagine, 想像)하지 않아도 된다.

그렇다 하더라도 피해 갈 수 없는 것이 있으니, 우리가 메워야 할 시간이다. '일상들'로 채워지는 삶…… 그 근원적 일상의 매듭들을 그르니에는 균형감 있게 짚어 낸다.

지난 번역을 다시 들여다보고 싶은 역자는 없을 것이다. 틀림없이 부끄러워질 것이니. 그러나 개정 판본 출간 요구에 맞닥뜨린 옮긴이로서는 어쩔 수 없었다. 그러나 저자 특유의 차근하고도 느릿한 사유와 감성, 듣는 이를 늘 제자리로 데려다 놓는 듯한 따뜻하고도 참된 목소리는 바쁜 듯 비어 있는 일상에 내몰린 우리를 위로하기에 충분해 보인다. 그러한 보상을 독자들과 함께 나누길 역자는 소망해 본다.

2020년 10월

김용기

장 그르니에 선집 4
일상적인 삶

1판 1쇄 펴냄	1997년 8월 30일
1판 18쇄 펴냄	2019년 12월 5일
2판 1쇄 펴냄	2020년 10월 23일
2판 4쇄 펴냄	2024년 1월 12일

지은이　장 그르니에
옮긴이　김용기
발행인　박근섭, 박상준
펴낸곳　(주)민음사
출판등록　1966. 5. 19. 제16-490호
주소　서울특별시 강남구 도산대로1길 62(신사동)
　　　강남출판문화센터 5층 (우편번호 06027)
대표전화　02-515-2000
팩시밀리　02-515-2007
홈페이지　www.minumsa.com
한국어판　ⓒ (주)민음사, 1997, 2020. Printed in Seoul, Korea
ISBN　978-89-374-0288-3　04860
　　　978-89-374-0284-5 (전4권)

잘못 만들어진 책은 구입처에서 교환해 드립니다.